(D)
4

Yn ei Elfen

Yn ei Elfen

Bedwyr Lewis Jones

Gwasg Carreg Gwalch

Argraffiad cyntaf: Tachwedd 1992
Ail argraffiad: Tachwedd 1992

Rhif Rhyngwladol: 0-86381-240-6

Argraffwyd a chyhoeddwyd gan Wasg Carreg Gwalch,
Capel Garmon, Llanrwst, Gwynedd.
☎ 0690 710261

Rhagair

Cyn ei farw disyfyd yr oedd yr Athro Bedwyr Lewis Jones wrthi'n hel at ei gilydd ddefnyddiau ar gyfer y llyfr hwn. Defnyddiau oedden nhw yr oedd o wedi eu paratoi ar gyfer ei golofn 'Ditectif Geiriau' yn y *Western Mail* a rhai defnyddiau yr oedd wedi eu trafod ar y rhaglen radio 'Yn ei Elfen'. Cydnabyddir, yn ddiolchgar, ganiatâd y *Western Mail* i atgynhyrchu defnyddiau yma a, hefyd, symbyliad a chefnogaeth Mr John Cosslett ynglŷn â'u hysgrifennu ar draws y blynyddoedd. Fel yr oedd hi'n digwydd, yr oedd Mrs Gwyneth Williams, Ysgrifenyddes yr Adran Gymraeg ym Mangor, o fewn dim i ddarfod teipio fersiynau terfynol y defnyddiau hyn pan fu farw Bedwyr. Mewn gair, yr oedd y llyfr fwy neu lai'n barod i fynd i'r wasg.

Gyda'i lyfrau *Iaith Sir Fôn*, *Blas ar Iaith Llŷn ac Eifionydd* ac *Enwau* y mae'r llyfr hwn yn cynrychioli un o gyfraniadau pwysig ac atyniadol Bedwyr i'n bywyd fel Cymry. Mae'r llyfrau hyn yn dangos peth o ddychymyg geiriol pobol Cymru ar draws canrifoedd o amser, peth o gyfoeth llafar y Gymraeg. Bedwyr, yn anad neb o'i genhedlaeth, a gloddiodd ddyfnaf i'r cyfoeth hwn ac a ddangosodd i'w gyd-Gymry ran werthfawr iawn o'u treftadaeth fywiol.

Rhan yn unig o gyfraniad Bedwyr i'w genedl oedd ei ddiddordeb mewn enwau lleoedd a llafar gwlad, wrth reswm, ond y mae'n rhan bwysig iawn am ei bod hi yn y bôn, yn dweud rhywbeth wrthym ni am ei ddiddordeb dwfn o mewn pobol. Y mae'r llyfr hwn yn un rhan deilwng iawn o'i goffadwriaeth.

Gwyn Thomas

Cyflwyniad

Yng nghyntedd Bryn Meirion ddaru ni ffarwelio. Drannoeth roeddwn i yn cychwyn ar wyliau. "Gei di feddwl yn Corsica be i ddeud yn dy gyflwyniad," medde fo. Roedd o wedi cyflawni ei ran o o'r fargen. Drannoeth bu farw Bedwyr. Meddyliau cymysglyd a hiraethus a brofwyd yn Corsica ac mae'r hiraeth yn parhau.

Bu ei gysylltiad â'r BBC ym Mangor yn un hir a hapus. Fe ddechreuodd gyfrannu eitemau ar darddiad enwau lleoedd cyn belled yn ôl â chanol y saithdegau ar raglen Harri Gwynn "Pill a Piniwn". Erbyn dechrau'r wythdegau, fe gafodd Lyn Davies ei gwmni yn achlysurol ar y rhaglen "Rhowch gynnig arni". Wedi bwlch o flwyddyn neu ddwy, fe gefais innau berswâd arno yn 1987 i gydweithio â mi ar raglen gyfan oedd yn delio â geiriau, enwau, arferion, dywediadau, chwedlau . . .

Fe ddaeth y teitl i fod wedi gwrando arno, yn ystod Eisteddfod Bro Madog, yn rhoi darlith ar enwau'r fro honno ym Mhlas Tanybwlch. Yr oedd o "Yn Ei Elfen". Arwydd o lwyddiant y gyfres oedd yr ymateb i'r rhaglen — trwy lythyr, ar y ffôn, ar y stryd. Doedd dim dianc. "Gof'nwch i Bedwyr . . . Diolch am raglen eithriadol ddiddorol. Hir y parhaed."

Un pnawn, yn union wedi'r darllediad, y ddau ohonom yn sefyll y tu allan i Fryn Meirion. Car yn pasio, brecio'n galed, dod tuag yn ôl ar frys; y dreifar yn dod allan, clepian y drws. A ninnau'n ofni helynt. " 'Di bod yn gwrando arno chi wrth ddreifio draw o Landudno ac wedi mwynhau." Ysgwyd llaw yn gynnes ac i ffwrdd â fo.

Tros bum mlynedd, cefais weld trosof fy hun y ddawn dweud ryfeddol a oedd ganddo i'w hychwanegu at ei ysgolheictod a'r diddordeb yn ei bwnc ac yn ei bobol. "Ma' 'na ffasiwn beth, Duw a ŵyr sut 'da chi'n 'sbonio fo, â dawn deud Sir Fôn," medde fo wrth Beti George ar "Beti a'i Phobol".

Soniodd am y pregethwyr Thomas Charles, Gwalchmai a John Williams, Brynsiencyn; am straeon doniol W.J. Griffith *Yr Henllys Fawr*, Tom Parry Jones *Teisennau Berffro*, Ifan Gruffydd *Y Gŵr o Baradwys* hyd at Mei Jones a ʿ"C'mon Midffîld" heddiw. "A bod yn hollol ffansïol, mi allen ni wneud rhyw drywydd fel'ma. Taeogion Llys Aberffro, 'ma rhain wedi gor'od goroesi. Un peth oedd gennyn nhw i oroesi oedd eu dawn dweud . . . Toedda nhw ddim am ildio'u hannibyniaeth a'r ffordd ora o'i amddiffyn oedd efo'ch tafod . . . Mae 'na rhyw raen ar iaith lafar Môn. Meddyliwch am bobol fel Charles Williams, W.H. Roberts, J.O. Roberts . . . ma' gwreiddia'r peth yn iaith gweision ffermydd, parabl llofft stabal. Dwi'n meddwl bod hwnna i Vaughan Hughes, Gwyn Llywelyn a Hywel Gwynfryn yn fantais aruthrol yn eu gwaith bob dydd."

Ac meddai'r Athro Syr John Meurig Thomas yn ei deyrnged yn yr *Independent*, "No one could tell a tale like Bedwyr. He possessed Merlin-like qualities which transported us to a timeless period suspended in the mist of Celtic antiquity."

Trwy ei gyfraniad i Radio Cymru fe gawson ni i gyd flas ar yr union brofiad hwnnw. Bydd y gyfrol hon yn tanlinellu'r trysor a aeth o'n gafael, a'n gadael yn gofyn 'Pam?'.

R. ALUN EVANS
Hydref 1992

Enwau
Lleoedd
yn Bennaf

Adsofl-wen

Enw fferm yn ardal Mynachlog-ddu yn yr hen Sir Benfro ydi *Adsofl-wen*. Mae yna *Adsol-wen* hefyd yn ardal Nebo, Llannon yng Ngheredigion. Beth am yr enw?

Mi fydd ffermwyr yn lladd gwair ym mis Mehefin — yn *lladd* gwair ac nid yn torri gwair, sylwch. Yn nes ymlaen mi fydd y gwair yn aildyfu a dyna'r *adladd* neu'r *adlodd*. Yn ddiweddarach yn yr haf fe ddaw'n gynhaeaf ŷd neu lafur. Mi fydd yna dorri'r ŷd gan adael bonion gwellt ar ôl. Y gair am hyn ydi *sofl* — 'stubble' yn Saesneg. Os gadewir y tir sofl yma tan y flwyddyn ddilynol heb ei droi, dyna ichi *atsofl* neu *adsofl* — tir llafur wedi ei adael am flwyddyn.

Ar lafar mae yna duedd i'r *f* yng nghesail yr *l* ddiflannu; yn *adsofl* i roi'r ffurf *adsol*. A dyna ni *Adsofl-wen* Mynachlog-ddu ac *Adsol-wen* Llannon. Tir sofl, a hwnnw'n edrych yn wyn, roddodd i'r ddau le eu henw.

Fe all y *d* yn *Adsol* golli hefyd. Mae *asol* yn digwydd yn ffurf ar *adsol* mewn rhannau o Ddyfed; mae i'w gael yn aml mewn enwau caeau — weithiau yn y ffurf *Rasol*, sef *Yr Asol*. Gwelais innau *Yr Asol-wen* a *Rasol-wen* yn ffurfiau ar enw *Adsol-wen* Llannon.

Gan fy mod i'n sôn am y gair *sofl* 'stubble', cystal ychwanegu mai hwn, mae'n debyg, sy'n enw *Resolfen* ym Morgannwg. *Rhos* ydi rhan gyntaf yr enw hwnnw mewn hen ddogfennau — *Rhos-solfen*, hynny ydi, rhostir oedd yn dir sofl. Ar lafar trawosodwyd *f* ac *l* yn *Rhosoflen* i roi *Rhosolfen* ac aeth hwnnw yn *Rosolfen* ac yn *Resolfen*.

Atgoed

Ratgoed Hall ydi'r enw heddiw; mae'n sefyll mewn cwm go ddiarffordd, ddwy filltir dda yn uwch i fyny nag Aberllefenni yng nghesail mynyddoedd Meirionnydd.

Yr Atgoed ydi'r enw, mewn gwirionedd. Collwyd golwg ar yr *y* a chydio *r* y fannod wrth y gair *atgoed* i roi *Ratgoed* — yn union fel y dywedwn *rargoel fawr* ar lafar am *yr argoel fawr* wrth fynegi syndod at rywbeth.

Ond chwiliwch y geiriaduron am air *atgoed*, a welwch chi mohono. Does dim cofnod amdano yn yr iaith lenyddol o gwbwl. Ac eto roedd yna air *atgoed* yn yr iaith. Mae'n digwydd yn enw *Ratgoed Hall* Aberllefenni. Mae yno hefyd yn enw *Atgoed* a *Gweirglodd yr Atgoed* ym mhlwy Llandygái yn ymyl Bangor.

Yr *at* yna ar ddechrau *atgoed*, ffurf ydi hi ar *ad-* yn golygu 'eilwaith', yr un *ad-* yn union ag yn *adlodd* 'ail gnwd o wair' ac yn *adsofl*.

Atgoed oedd ail dyfiant o goed, neu o bosib rywbeth tebyg i *copse* y Saesneg — celli o goed bychain a dyfid ar gyfer eu torri bob hyn a hyn.

Banwen

Un o bentrefi'r glo carreg ar y tir uchel uwchben Glyn Nedd ydi *Banwen*, heb fod ymhell o Onllwyn a Seven Sisters.

Banwen ydi'r ffurf arferol ar enw'r pentre heddiw, ond mewn gwirionedd sôn am Y Banwen a ddylem, oherwydd yr hyn sydd yma ydi ffurf leol ar y gair *panwaun* yn treiglo'n feddal ar ôl y geiryn bach *y*.

Beth am *panwaun*? *Gwaun* ydi'r gair yn Gymraeg am wastatir uchel agored a hwnnw'n aml yn lle gwlyb a brwynog. 'A plain on the top of a mountain' ydi diffiniad y geiriadurwr William Gambold ohono.

Pân mewn rhai ardaloedd yn y De ydi'r gair am blu'r gweunydd — 'cotton-grass' yn Saesneg — planhigyn sy'n tyfu ar weundir gweddol uchel. Cydiwch *pân* a *gwaun* a dyna ichi *panwaun* yn air am gors yn y mynydd lle mae plu'r gweunydd yn tyfu. Mae'n air byw heddiw gan rai o drigolion hynaf y Rhondda am dir gwlyb mawnoglyd ar y mynydd. Yn y ffurf *panwen* roedd yn air byw yn ardal Cwm Dulais hefyd. Yn nhafodiaith Cwm Dulais gall *au* ar lafar fynd yn *e*, ac felly âi *panwaun* yn *panwen* yn hollol naturiol.

Yn yr un ardal roedd hi'n arfer dweud eu bod yn 'gwlosg y panwinidd', hynny ydi, yn llosgi'r panweunydd neu'r corsydd yn y gwanwyn. *Gwlosg*, gyda llaw, oedd ffurf y dafodiaith ar *golosgi* — llosgi i'r rhan fwyaf ohonom.

Bariwns

Gair sy'n taro'n od a diarth i Ogleddwr ydi *bariwn* neu *bariwns*. Ond yr oedd yn air byw ar un adeg yn y De — ym Morgannwg a Sir Gâr yn arbennig. Golygai *gamfa* — 'stile', neu ynteu glwyd wedi ei gwneud o ffyn neu reiliau a osodid ar draws adwy i'w chau.

Mae *Bariwns* yn digwydd yn enw fferm yn Llanegwad yn ymyl Caerfyrddin. Yn *Welsh Piety* mae sôn am un o ysgolion cylchynol Griffith Jones yn *Bariwns Mawr* yn 1785-86. Mae'n digwydd hefyd yn y *Cae'r bariwns* yn ardal Llanelli y sonnir amdano mewn dogfen o 1628/9, yn ôl *Geiriadur Prifysgol Cymru*. Enghreifftiau eraill ohono ydi *Cwrtybariwns* yn Llangiwg ger Pontardawe a *Parcybariwns* yn ardal Cedweli.

Rhywbeth digon tebyg i *Cae'r bariwns* ydi *Cae'r aels*, enw sy'n digwydd weithiau mewn rhestrau o enwau caeau yn y Gogledd.

Benllech

Pentre glan-y-môr ym Môn ydi'r *Benllech*, a phentre cymharol ddiweddar. Pan oedd Goronwy Owen yn hogyn yn yr ardal, ddau gant a thrigain o flynyddoedd yn ôl, doedd dim sôn amdano. Ag ardal Rhos-fawr ym mhlwy Llanfair Mathafarn y cysylltir Goronwy: doedd yna ddim pentre'r Benllech ohoni y pryd hynny.

Roedd yna fferm o'r enw *Tyddyn y Benllech* a'r fferm honno roddodd i bentre diweddarach Benllech ei enw. Ond pam galw fferm yn *Tyddyn y Benllech*?

Mi wyddoch i gyd am y gair *cromlech*, y gair am weddillion hen fedd neu gloddfa o Oes y Cerrig. Mewn *cromlech* mae clamp o faen mawr yn gorwedd ar draws tri neu ragor o feini ar eu sefyll. Y lle gwag neu'r ogof tu mewn i'r meini hyn oedd y *gromlech* — o *crom* neu *crwm* a *llech* yn golygu maen. Yn llyfr Eseia 7.19 yn y Beibl mae sôn am 'gromlechydd y creigiau': 'agennau'r creigiau' sydd yn y cyfieithiad newydd. *Cromen* ydi'r gair am do crwn fel bwa. Roedd y llechfeini mewn *cromlech* yn crymu i ffurfio math o do felly. Y gair am y maen to anferth oedd *penllech* — y llech ar ben y gromlech.

Roedd cromlech yn rhan isa plwy Llanfair Mathafarn. Roedd *penllech* anferth ar honno. A phen llech y gromlech hon barodd enwi tyddyn yn ymyl yn *Tyddyn y Benllech*.

Mae *Penllech* hefyd yn Llŷn, yn enw ardal rhwng Tudweiliog ac Aberdaron. Maen to neu *ben-llech* y gromlech ar dir Cefn Amwlch sy'n esbonio'r enw hwnnw. *Penllech* ydi'r enw yn Llŷn. *Y Benllech* ydyw ym Môn.

Betws

Mae dau air *betws* yn Gymraeg a'r ddau'n bur wahanol eu hystyr.

Hen air cynhenid Gymraeg ydi un am lechwedd neu allt weddol serth lle mae tyfiant tew o fân goed cyll a drain a bedw. *Bedw*, enw Cymraeg y goeden 'birch', ydi cychwyn y gair yma. Ychwanegwch yr hen derfyniad lluosog *os* at *bedw* a dyna roi ichi *bedwos*. Ffurf ar hwn ydi enw *Bedwas* yn ymyl Caerffili. Gallech gyfieithu hwnnw yn Birchgrove yn Saesneg.

Aeth *bedwos* yn *betwos* ar lafar mewn rhai ardaloedd — y *d* yn caledu'n *t* o flaen *w*, yn union fel yn *pysgotwr* (am *pysgodwr*). Wedyn collodd yr *o* yn *betwos* i roi *betws* yn air mewn rhannau o Glwyd a Phowys am lechwedd goedog. 'Mae y tir yn un betws' medden nhw yno erstalwm — hynny ydi, 'the ground is all over-run with underwood and small trees'.

Gair Saesneg ei gychwyn ydi'r *betws* arall, hwnnw sy'n golygu eglwys fel yn yr ymadrodd 'y byd a'r betws'. Daw hwn o hen ffurf ar 'bead house' yn Saesneg — y tŷ yr aech iddo i weddïo. Ond mwclis ydi ystyr 'beads' yn Saesneg, meddai rhai ohonoch. Ie, siŵr — heddiw. Gynt, fodd bynnag, ystyr 'bead' oedd gweddi. Daeth yn air am fwclis am fod pobol yn arfer cyfri pelenni bychain ar linyn wrth ddweud eu pader.

Tŷ i droi i mewn iddo i ddweud gweddi oedd 'bead house', capel bychan oedd yn ychwanegol at eglwys y plwy. Benthycwyd 'bead house' i'r Gymraeg yn *betws* — hen ffurf 'house' yn rhoi *ws* neu *hws* (fel yn *becws* a *warws*), a'r *h* yn *hws* yn caledu'r *d* yn *t*. Mae amryw o hen gapeli anwes yn dwyn yr enw *Betws* yng Nghymru. Dyna *Betws Gwerful Goch* yn ymyl Corwen, er enghraifft.

Un peth diddorol am yr enw yma ydi bod modd adnabod y *Gwerful* roddodd ei henw i'r eglwys. Yn rhai o'r achau sonnir am Gwerful ferch Cynan ap Owain Gwynedd ac ychwanegir iddi gael ei chladdu yn Ninmael. Bu farw'r brenin Owain Gwynedd yn 1170. Bu ei fab Cynan farw yn 1174. Dyna roi

Gwerful yn ei blodau tua'r flwyddyn 1200 neu ychydig cyn hynny. Hi, mae'n ymddangos, roddodd nawdd i godi capel neu eglwys fechan a roddodd i *Betws Gwerful Goch* ei enw.

Bethlehem, Ebeneser, Deiniolen

Peth annisgwyl iawn i ymwelwyr o wlad dramor ydi gweld *Bethlehem* a *Nasareth* yn enwau ar arwyddion ffyrdd yma yng Nghymru.

Pentre ym mhlwy Llangadog yn Nyfed, rhyw ddwy filltir o Landeilo, ydi *Bethlehem*. Pentre bychan ydi o, dim ond ychydig dai, swyddfa bost, a chapel Annibynwyr. Y swyddfa bost sydd wedi rhoi enwogrwydd i'r lle yn ystod y blynyddoedd diwetha. Er pan ddechreuwyd cyhoeddi stampiau arbennig i ddathlu'r Nadolig, mae cannoedd o bobol wedi bod yn postio'u cardiau Dolig yn y pentre er mwyn cael marc post Bethlehem arnyn nhw.

Y capel roddodd ei enw i'r pentre yn y lle cynta, wrth gwrs. Rywbryd tua 1800 cododd yr Annibynwyr gapel yno. Fe alwyd y capel yn Bethlehem. Yn ddiweddarach daeth enw'r capel yn enw ar y pentre a dyfodd yn ei ymyl.

Digwyddodd yr un peth yn achos *Nasareth* yn ymyl Llanllyfni yn Arfon. Cododd yr Annibynwyr gapel yno yn 1823. Yn 1867, wrth i'r boblogaeth dyfu i ganlyn cynnydd yn y diwydiant llechi, codwyd capel arall. Galwyd y capel yn Nasareth a daeth enw'r capel yn enw ar y tai o'i gwmpas.

Yn wir, digwyddodd rhywbeth tebyg mewn llawer man yng Nghymru. Dyna *Bethesda* yn Nyffryn Ogwan, *Saron* ger Rhydaman, *Nebo* yn ymyl Llanrwst, a *Bethel, Carmel* a *Cesarea* tu allan i Gaernarfon. Mae'r enwau Beiblaidd hyn ar bentrefi gystal arwydd â dim o ddylanwad Ymneilltuaeth ar fywyd bob dydd y Gymru newydd oedd yn dod i fod yn hanner cynta'r ganrif ddiwetha.

Ebeneser oedd enw pentre uwchben chwarel Dinorwig ar un adeg, ond newidiwyd hwnnw'n *Deiniolen* trwy greu enw gwneud newydd o enw plwy Llanddeiniolen. Mae W.J. Gruffydd yn ei *Hen Atgofion* yn dweud y drefn yn enbyd am y newid. Roedd yr enw *Ebeneser*, meddai Gruffydd, yn codi'n naturiol o hanes crefydd Ymneilltuaeth yr ardal, yn union fel yr oedd enw plwy *Llanddeiniolen* (*llan* neu eglwys y sant Deiniolen) wedi codi o hanes crefyddol cyfnod cynharach. Snobri, meddai Gruffydd, oedd mynnu ymwrthod ag urddas syml Ebeneser. '*Fake* diweddar yn ceisio efelychu hen *genuine antique* yw *Deiniolen*', meddai yn ei ddull cyrhaeddgar.

Blaenyweirglodd

Enw hyfryd ar fferm yn ardal Llansannan ydi *Blaenyweirglodd*. Ond ar fap 'Landranger' yr OS, argraffiad 1986, mae'r enw wedi ei newid yn *Blaen-y-wergloedd*. Newid dibwys, meddech chi. Nage, ddim. Mae'r newid yn rhoi statws swyddogol map yr OS i ffurf anghywir ac mae'n rhaid gwrthod hynny.

Gweirglodd ydi'r gair yn Gymraeg am ddarn o dir gwastad — tir isel fel arfer — lle byddai ffermwyr yn tyfu gwair. Cyfuniad ydi *gweirglodd* o'r geiriau *gwair* a *clawdd* — a *clawdd* am ei bod hi'n arfer mewn hen oes codi clawdd i neilltuo a gwarchod y darn tir er mwyn rhoi cyfle i'r gwair dyfu. Yn wir, yn yr hen gyfreithiau Cymraeg nodir y gosb yr oedd yn rhaid i berchennog moch ei thalu os cai ei foch eu dal yn tyrchu'r tir 'mewn gweirglawdd'.

Newidiodd yr *aw* yn sillaf olaf ddiacen *gweirglawdd* a rhoi *gweirglodd* — yn union fel y newidiodd *Abermaw(dd)* yn *Abermo* (a *Bermo*) ac *Aberffraw* yn *Aberffro* (a *Berffro*). Ar lafar hefyd daethpwyd i ynganu'r *ei* yn y sillaf gyntaf yn *e* yn y gogledd. Aeth *y weirglodd* yn *y werglodd* — fel yr aeth *Gweirful* yn *Gwerful*.

Fe dderbyniwn i *werglodd* yn ffurf sgrifenedig ar enw fferm os mai dyna'r ynganiad cydnabyddedig mewn ardal ers dwy a thair cenhedlaeth. Yr *-oedd* ar ddiwedd yr enw ar y map sy'n codi fy ngwrychyn. Does ond un rheswm drosto, sef i rywun feddwl fod *gwerglodd* yn enw lluosog, a'r *odd* ar ei ddiwedd yn ffurf lafar ar y terfyniad *oedd*. Ond lol ydi hynny. Ffurf ffug ydi *wergloedd*, ffrwyth camgywiro mewn anwybodaeth. Ar argraffiad nesaf map y 'Landranger' fe ddylid adfer *Blaenyweirglodd* neu dderbyn y ffurf lafar gywir *Blaenywerglodd*.

Newid yn *werglodd* a wnaeth *weirglodd* ar lafar yn y Gogledd. Yn y De arall fu'r newid. Yno fe aeth yn *gweirlod* (gyda'r *g* wedi colli) a *gwerlod* a *gwrlod*. Dyna pam y cewch chi ym Morgannwg ac yng Ngwent ffermydd a chaeau gydag enwau fel *Gwrlodyfelin* a *Gwrlod-y-pownd* — hynny ydi, gweirglodd y ffald.

Yr un gair sy'n esbonio enw *Gwrlodde* i'r de o Dalgarth ym Mrycheiniog: *gwrloddau* yn amrywiad lleol ar *gweirgloddiau* sy'n hwnnw.

Braint

Enw afon ydi *Braint*. Mae'n codi ar Fynydd Llwydiarth ym Môn ac yn llifo i'r môr yn Nhraeth Melynog gyferbyn â Chaernarfon.

Afon ar gyrion Llundain ydi *Brent*, un o ganghennau Tafwys (neu Thames). Afon Brent roddodd i dre Brentford ei henw; roedd rhyd dros yr afon yno.

Yr un yn y bôn ydi'r ddau enw — *Braint* ym Môn a *Brent* yn Llundain. Mae'r ddau'n mynd yn ôl i enw'r dduwies Brigantia neu Briganti mewn Brythoneg, sef yr iaith y tyfodd y Gymraeg ohoni.

Mewn cyfnod cyn Cristnogaeth roedd Brigantia yn un o dduwiesau'r Brythoniaid. Enwyd afon yn ardal Llundain ac afon ym Môn ar ei henw gan siaradwyr Brythoneg oedd am gael ei nawdd a'i hamddiffyn. Roedd hynny tua dwy fil o flynyddoedd yn ôl, beth bynnag. Fe all enwau lleoedd gario eco neu adlais fel hyn sy'n mynd yn ôl ymhell iawn i'r gorffennol.

Ond, meddai rhai ohonoch, mae yna air cyffredin *braint* yn Gymraeg yn golygu anrhydedd neu statws arbennig. Oes, siŵr, ac mae hwnnw hefyd yn rhan o'r stori. Roedd gair *braint* — rhywbeth fel *brigant* yn ei hen ffurf Frythoneg — yn golygu dyn rhydd, dyn a chanddo hawliau a statws. O hwn y cafodd llwyth y *Brigantes* ei enw. Roedd y rhain yn edrych arnyn nhw'u hunain fel y rhai breintiedig, y bobl sbesial.

Y rhan o'r wlad sy'n cyfateb i ogledd Lloegr heddiw oedd ardal arbennig y Brigantes. Yno roedden nhw'n brif bobol mewn rhyw fath o ffederasiwn o fân wledydd yn ymestyn o Elfed (o gwmpas Leeds) hyd dde'r Alban. Brigantia oedd eu duwies. Ond roedd parch at y dduwies hon yn ehangach na brenhiniaeth y Brigantes. Roedd Brythoniaid o lwythau a gwledydd eraill — ym Môn ac yn ardal Llundain — yn ei chydnabod ac yn 'bedyddio' afonydd ar ei henw.

Brandy Bach

Pethau difyr ydi'r rhigymau rheini'n rhestru enwau lleoedd a gaech chi gynt ar lafar. Hwn o Glwyd, er enghraifft:

> Wrecsam Fechan a Wrecsam Fawr,
> Pentrefelin ac Adwy'r Clawdd,
> Casgen Ditw a Thafarn-y-gath,
> Llety Llygoden a Brandy Bach.

Mae'r odlau neu'r lled-odlau — *mawr* : *clawdd*; *cath* : *bach* yn dangos i'r dim bedigri llafar y rhigwm. Enwau tafarnau ydi cynnwys y ddwy linell ola, enwau pedair tafarn yn ardal Llandegla.

Tafarn-y-gath ydi'r enwoca ohonyn nhw. Cynhaliwyd math o gyfarfod beirdd a elwid yn Eisteddfod yn Nhafarn-y-gath yn 1719. Ac yna yn y ganrif ddiwethaf bu William Jones, 'Ehedydd Iâl' — awdur yr emyn 'Er nad yw nghnawd ond gwellt' — yn byw yno am gyfnod, yn dafarnwr anfodlon.

Brandy Bach wedyn. Be wnewch chi o'r enw? Cyn rhuthro i gasglu mai'r gair Saesneg *brandy* sydd yma, ystyriwch hyn. Roedd yna air *ebran* yn Gymraeg yn golygu porthiant anifeiliaid ac yn arbennig porthiant ceffylau. Mae'r gair yn digwydd yn y Beibl, yn yr hen gyfieithiad. Yno yn llyfr Eseia, pennod 30, mae sôn am ychen ac asynnod yn cael eu bwydo ag 'ebran pur'.

Ychwanegwch y gair *tŷ* at *ebran* — fel ychwanegu *tŷ* at *bwyd* neu at *llaeth* i roi *bwyty* a *llaethdy*. Dyna ichi *ebrandy*, a âi ar lafar yn *brandy*, yn air am dŷ lle ceid porthiant i geffylau. Mae'n eitha posib mai dyna oedd *Brandy Bach* yn Llandegla — tafarn lle roedd hi'n arfer gan deithwyr aros, am lymaid eu hunain, ac er mwyn i geffyl gael seibiant a phorthiant.

Ai'r un peth, tybed, oedd *Brandy Bach* yn Nolbenmaen yn Eifionydd a *Brandy* ym Mallwyd? Mae'n bosibilrwydd diddorol.

Brotos

Enw od ydi *Brotos*, yr enw ar ran o'r mynydd ar y Gylchedd, rhwng Foel Boeth a Charnedd y Filiast, uwchben Cwmhesgin — yn y darn tir mynyddig rhwng Ysbyty Ifan a'r Bala.

Brotos ydi'r ffurf ar y map heddiw: *Brottos* hefo *t* ddwbwl ar fap cynhara'r Ordnans yn 1838. Dyma'r ffurf ddiweddar ar yr enw *Bratffos* sy'n digwydd mewn hen ddogfennau'n ymwneud â throsglwyddo tiroedd yn yr ardal hon yn y flwyddyn 1322.

Yn y ddogfen o 1322 enw nant fechan ydi *Bratffos* — honno sy'n cael ei galw'n Nant-y-coed heddiw ac sy'n llifo i afon Hesgin. Yng nghwrs y canrifoedd newidiodd *Bratffos* yn *Brotos* ar lafar, a throsglwyddwyd yr enw o'r afon i'r llethr uwchben.

Ond beth am *Bratffos*? Mae esboniad diddorol iddo. Yn yr hen gyfreithiau Cymraeg mae sôn am rywbeth oedd yn cael ei alw'n *bratpwll*. Pwll neu dwll oedd hwnnw wedi ei gloddio yn y ddaear a'i orchuddio â dail a changhennau yn drap neu fagl i ddal anifeiliaid gwylltion wrth hela. Mae'r gair hwnnw'n digwydd yn enw *Bratbwll* yn ardal Manafon ym Maldwyn ac yn enw *Nantybratbwll* yn ardal Llansilin.

Rhywbeth tebyg i *fradbwll* oedd *bratffos* — ffos wedi ei chloddio i wneud magl i anifeiliaid pan oedd hela'n rhan bwysig o gynhaliaeth pobol. Roedd trap felly yng nghyffiniau Cwmhesgin a Nant-y-coed. Rhoddodd ei enw i'r nant — Nantybratffos. Ac yn y ffurf *Brotos* arhosodd yr enw'n rhan o enwau'r ardal hyd heddiw.

Brogyntyn

Plasty ym mhlwy Selatyn yn ymyl Croesoswallt ydi *Brogyntyn*. 'Brogyntyn neu *Porkington* fel y Seisnigwyd yr enw yng nghyfnod y Tuduriaid', meddai'r *Cydymaith i Lenyddiaeth Cymru* wrth sôn amdano. Ond tybed, tybed ai enw Cymraeg a gafodd ei Seisnigo ydi hwn?

Mae'r enw'n digwydd yn y flwyddyn 1161 fel *Porchington* ac yn 1236 fel *Porkington* mewn cofnodion gwladol — hynny ydi, fel enw Saesneg Porkington.

Y ffordd syml i egluro Porkington ydi cymryd ei fod yn un o'r enwau Saesneg cynnar rheini sy'n cynnwys enw personol ar y dechrau, yna elfen *ing* sy'n golygu 'yn cael ei gysylltu â'r person hwnnw', ac wedyn ar y diwedd y gair *tun* yn golygu stad neu 'settlement'.

Mae *Paddington*, enw'r stesion yn Llundain, yn enghraifft dda o'r teip. Ystyr *Paddington* ydi stad a oedd mewn cyfnod cynnar, pan enwyd y lle, yn cael ei chysylltu â rhywun o'r enw *Padda*.

Porkington, neu *Porkingtun* yn ei hen ffurf, oedd stad neu 'settlement' a gysylltid â *Porca*, a *Porca* o bosib yn flasenw neu lysenw rhyw Sais cynnar yn yr ardal. Dyna'r eglurhad gewch chi gan yr ysgolhaig enwau lleoedd mawr hwnnw, Eilert Ekwall, yn ei *Oxford Dictionary of English Place-names*.

Ond Cymry Cymraeg oedd y bobol oedd yn byw yn ardal *Porkingtun* neu *Porkington* yn yr Oesoedd Canol ac ar eu genau nhw fe Gymreigwyd yr enw. Aeth y *tun* ar y diwedd yn *tyn* — fel yn *Prestatyn* o Hen Saesneg *Preosta-tun*, fferm neu stad yr offeiriaid. Meddalwyd *k* yn *g* hefyd i roi'r ffurf lafar *Porgintyn*. Aeth honno'n *Borgintyn* ac yn *Borgyntyn* — ffurf y mae cofnod amdani. Ac yna, ar lafar eto newidiodd *Borgyntyn* yn *Brogyntyn*. A chan fod *bro* yn air Cymraeg cyffredin, roedd hi'n naturiol cymryd mai hwnnw oedd yn rhan gynta'r enw.

Enw Saesneg *Porkington* a gafodd ei Gymreigio'n

Brogyntyn ydi enw cartref Arglwydd Harlech, ac enw sy'n dystiolaeth pa mor gryf a gwydn y daliodd y Gymraeg ei thir yn ardal Croesoswallt am ganrifoedd lawer.

Brymbo

Mae *Brymbo* yn ardal Wrecsam yn y newyddion unwaith eto yn sgil y sôn am gloddio am lo brig lle bu'r gwaith dur enwog.

Beth wnewch chi o'r enw? Dim rhyw lawer, rwy'n amau, o graffu ar ei ffurf heddiw. Rhaid chwilio am ffurfiau cynharach, felly. Mae digon o'r rheini ar gael, yn mynd yn ôl i 1391, ond mae eu tystiolaeth yn annisgwyl. Dweud y maen nhw, yn bendant iawn, mai *Bryn-baw* oedd yr hen enw. Ie, *Bryn-baw*, sef *bryn* a'r gair bach cyffredin *baw*, 'dirt' yn Saesneg.

Aeth *Bryn-baw* yn un gair clos gyda'r acen ar yr *yn* yn ei ran gyntaf. Wrth i hynny ddigwydd newidiodd *n* yn *m* o flaen *b* — yn union fel *Llanbed(r)* yn mynd yn *Llambed*, neu *Dinbych* ar lafar yn mynd yn *Dimbych* ac yn *Dimbech*. Newidiodd yr *aw* ar y diwedd yn *o* hefyd — yn union fel *Abermaw* yn newid yn *Bermo* ac *Aberffraw* yn *Berffro*, neu fel *dwy law* yn mynd yn *dwylo*.

Cwestiwn diddorol ydi holi pam y galwyd y fan yn *Bryn-baw* yn y lle cynta.

Buarth-y-re

Enw trawiadol ydi *Buarth-y-re*, enw fferm yn ardal Llanrhaeadr-ym-Mochnant ac yn Llanfachreth, Meirion-nydd.

Hen air *gre* sydd yma. Enw benywaidd oedd *gre*. Ar ôl y fannod *y* roedd yn treiglo i roi *y re* — yn union fel *gradd* yn rhoi *y radd*. Ystyr *gre* oedd haid neu yrr o geffylau. Fe'i defnyddid weithiau am anifeiliaid eraill — am ddefaid a gwartheg, er enghraifft, ond fel arfer yn Gymraeg disgrifiai yrr o feirch a chesyg magu. 'Gre sy eiddo . . . a meirch' meddai'r bardd Iolo Goch yn ei gywydd i Ithel ap Robert, archddiacon Llanelwy: mae ganddo feirch a chesyg magu. Yna mae'n ychwanegu, 'Pam na rydd im un?' Roedd hi'n arfer gan y beirdd gynt ofyn am farch gan eu noddwr, ac fe'i caen — fel petai Cyngor y Celfyddydau neu'r BBC yn rhoi Ford Siera i Gerallt Lloyd Owen a Dic Jones heddiw!

Ffald neu bownd lle'r oedd hi'n arfer hel gyrr o geffylau at ei gilydd oedd ym *Muarth-y-re* Llanfachreth a Llanrhaeadr ar ryw adeg. Mae'r un gair *gre* yn digwydd yn enw *Bryn-y-re* yn Nhrawsfynydd ac yn *Bwlch-y-re* yn ardal Beddgelert.

Ffurf luosog *gre* oedd *greon* a dyna'r gair yn enw *Moel Greon* yn ymyl Bylchau heb fod ymhell o Ddinbych. Bryn moel lle'r oedd gynt yrroedd o geffylau ydi'r ystyr, ac nid 'pebble hill' fel y cynigiwyd yn llyfr Anthony Lias ar *Place Names of the Welsh Borderlands*.

Soniais am *gre* yn treiglo'n *re* ar ôl y fannod *y*. Digwyddodd yr un peth i'r gair *gro* yn enw benywaidd am fan lle mae pentwr o raean bras — fel yn *Y Ro-wen* yn Nyffryn Conwy.

Gyda llaw, wnaiff hi mo'r tro o gwbwl i sgrifennu *Buarth-yr-e*, fel y gwneir yn aml. Mae'r ffurf honno mor ddiystyr wirion â sôn am *Yr O-wen* ger Conwy.

Bwfi yn Llansannan

Enw od ar fferm yn Llansannan yng nghefn-gwlad Clwyd yw *Bwfi*, ac enw â stori ddiddorol tu ôl iddo.

Ewch yn ôl at y siarter a roddodd y Norman, Hendry de Lacy, saith gan mlynedd yn ôl, i'r estroniaid yr oedd ef wedi eu denu i ymsefydlu yn Ninbych. Yn y siarter cyfeirir at y tir a gai'r dieithriaid hyn yn nhref Dinbych. Lladin yw iaith y siarter ond gair Ffrangeg *bovee* yw'r term sy'n digwydd i sôn am y tiroedd — un *bovee* o dir i hwn, dwy *bovee* i un arall.

Term Ffrangeg am fesur arbennig o dir oedd *bovee*. Ei darddiad yw gair Lladin *bovis* yn golygu ych neu fustach — yr un *bovis* Lladin a roddodd *beef* a *bovine* (a *Bovril*) yn Saesneg. *Bovate* oedd y gair yn Saesneg am hynny o dir y gallai un ych ei aredig mewn blwyddyn, sef rhywle o 10 i 18 acer.

Beth sydd a wnelo hyn i gyd ag enw fferm *Bwfi* yn Llansannan? Hyn: mai'r un gair, yn y bôn, sydd yma. I ganlyn y Normaniaid tua 1290, daeth y term Ffrangeg *bovee* i ardal Dinbych yn air am fesur arbennig o dir. Plwyfodd y gair ac aros. Ac fe'i benthycwyd gan y Cymry. Mae Edward Lhuyd tua 1700 yn cofnodi mai *bwfi* ydyw llain o dir yn ardal Llansannan.

Dyna'r enw *Bwfi*. Mae'n mynd yn ôl i hen air Ffrangeg am fesur o dir y gallai ych ei aredig mewn amser arbennig.

Dydd Iau Cablyd

Y dydd Iau cyn y Pasg ydi *Dydd Iau Cablyd*, y diwrnod y bydd rhai eglwysi Cristnogol yn cofio am y Swper Olaf cynta.

Mae'r enw *Cablyd* yn un diddorol. Mae'n dod yn y pen-draw o air Lladin *capillatio* yn golygu torri neu eillio gwallt y pen. Trowch i Efengyl Ioan, pennod 13. Yno mae sôn am Grist cyn gŵyl y Pasg yn golchi traed y disgyblion. I goffáu'r digwydd hwn ym mywyd Crist roedd hi'n arfer golchi traed mynachod ac eillio eu pennau cyn y Pasg. Daeth *Dydd Iau Cablyd* yn enw ar y diwrnod pan wneid hynny.

Yn y gwasanaeth crefyddol lle golchid traed mynachod roedd hi'n arfer canu yn Lladin ran o Efengyl Ioan. Geiriau cyntaf y gân neu'r antiffon oedd 'Mandatum novum da vobis' — 'Gorchymyn newydd yr wyf yn ei roddi i chwi'. Gair cyntaf yr antiffon Ladin hon, *mandatum* sef 'gorchymyn', a roddodd yr enw *Maundy Thursday* ar Ddydd Iau Cablyd yn Saesneg.

Arfer arall ar Ddydd Iau Cablyd oedd i frenhinoedd roi anrhegion i'r tlawd. Mae hynny'n para yn Lloegr heddiw. Ar Ddydd Iau Cablyd neu Maundy Thursday bydd y Frenhines yn rhannu arian Maundy yn Abaty Westminster.

Dowch yn ôl at y gair *cablyd* am funud bach. Mae hwnnw'n digwydd droeon mewn enwau lleoedd yn y Gogledd. Mae fferm o'r enw *Cablyd* yn Llandderfel ac yn ardal Maerdy ym Meirionnydd. Mae *Tynycablyd* a *Phistyll Cablyd* yn ochrau Llangynog — Pennant Melangell. Mae *Maes Cablyd* yn ardal Pontfadog, Dyffryn Ceiriog. Roedd *Cae Cablyd* a *Gwern Cablyd* ar dir y Penrhyn yn ymyl Bangor.

Pam sôn am *Gablyd* mewn enwau lleoedd? Tybed a oedd arian pob *Tir y Cablyd* a *Chae Cablyd* ar un adeg yn mynd ar gyfer darparu rhoddion i'r tlodion ar Ddydd Iau Cablyd?

Cae Abaty

Fferm yn ardal Dinas Mawddwy ym Meirionnydd ydi *Cae Abaty*.

Ofer fydd ichi chwilio am olion abaty yn y cylch. Fu dim sefydliad crefyddol o'r fath yno. Ond sut felly mae esbonio enw'r fferm? Gan ŵr o'r ardal o'r enw Tegwyn Jones y cefais i'r ateb. Mewn dogfennau o'r ddeunawfed ganrif fe welodd ef enwi'r fferm yn *Cae Batin*.

Ie, *Cae Batin*. Yn awr, roedd *batin* neu *bating* yn air byw yn y Gogledd am dyweirch a godid oddi ar wyneb y tir. Yr hen arfer ar un adeg oedd codi'r tyweirch gyda chaib, eu gadael i sychu, yna'u llosgi a gwasgaru'r llwch yn wrtaith hyd wyneb y tir. *Betin* neu *beting* oedd y gair am yr un peth yn y De.

Mae *batin, bating, beting,* a *bieting* yn digwydd yn bur aml mewn enwau caeau a ffermydd. Dyna *Parc y Beting* yn Llangynog yn ymyl Caerfyrddin a *Chefen Betinge* yn Llangyfelach, er enghraifft. Yn y Gogledd mae *Batinge* neu *Batingau* yn ardal Gyffylliog ger Rhuthun, *Y Betyn* yn Llangoed ym Môn, a *Chae'r Batin* yn Llandygái.

Yn ei gasgliad o eiriau ac ymadroddion Cwm Gwaun, *A Glossary of the Demetian Dialect* (1910), mae W. Meredith Morris yn rhestru'r gair *bietin* ac yn ychwanegu hyn — 'Pan eid ati i drin a diwyllio tir mynyddig y peth cyntaf oedd didonni'r tyweirch gydag aradr fynwes (*breast-plow*) ac yna'u llosgi'n domennydd. Ystyrid y lludw hwn yn wrtaith ardderchog.'

Yng Nghwm Tawe mae *llutu* neu *lliti beti*, hynny ydi lludw beting, yn para'n air byw heddiw am y llwch a geir wrth losgi tyweirch neu weddillion tyfiant wedi crino a sychu.

Yr un gair *bating* neu *beting* sy'n enw *Cae Abaty* Dinas Mawddwy yn y bôn. Cae lle'r oedd hi'n arfer didonni tyweirch a'u llosgi oedd yno — cae b'ating. Ar lafar aeth Cae Bating yn Cae B'atin ac yn Cae Batyn ac yna'n Cae Baty. Y cam nesaf oedd parchuso'r ffurf lafar *Cae Baty* a'i throi'n *Cae Abaty*; roedd honno'n swnio gymaint gwell.

Roedd gair arall *bating* ar arfer yn y Gogledd am fwndel o wellt — dwy ysgub gan amla — a ddefnyddid i doi teisi a thai. Benthyg o'r gair Saesneg *batten* oedd hwn.

Cae Manal

Enw cae ar fferm Esgairhoywliw, Felingwm ger Caerfyrddin ydi *Cae Manal*. Mae *Manal*, ar ei ben ei hun, hefyd yn enw fferm yn yr un ardal; roedd rhai o deulu Manal yn aelodau yn eglwys yr Annibynwyr ym Mhant-teg yn 1763.

I esbonio *Manal* mae gofyn cychwyn gyda'r gair *banadl*, enw'r llwyni llawn blodau melyn hynny sy'n llonni cloddiau yn yr haf. Mae *banadl* yn elfen gyffredin iawn mewn enwau caeau a ffermydd fel *Cae Banadl, Tyddyn Banadl, Banhadlog, Y Fanhadlog*, etc.

Mae hefyd yn air sy'n amrywio cryn dipyn ar lafar. Mewn rhai ardaloedd gollyngwyd yr *l* ar ei ddiwedd gan adael y ffurf *banad* — fel *danad* am *danadl*. Mewn ardaloedd eraill gollyngwyd y *d* i roi *banal* — yn union fel y collwyd y *d* yn *cystadl* (fel yn *cystadlu*) i roi *cystal*. Fe gewch chi enwau fel *Bryn Banal, Cae Banal, Llain Banal* yn aml yn y De, a *Banal* ar ei ben ei hun yn ardal Eglwys Gymyn.

Ffurf arall eto ydi *manal* yn amrywiad ar *banal* — gydag *m* yn lle *b* ar ei ddechrau. Mae *m* a *b* yn gallu amrywio fel hyn ar ddechrau geiriau. Dyna *maban* a *baban*, er enghraifft, neu *Mathafarn* a *Bathafarn*.

Ffurf amrywiol ar *banal* neu *banadl* ydi *manal*, felly, ac amrywiad yr ydw i yn ei gysylltu â rhannau o Ddyfed. Yn ogystal â *Cae Manal* a *Manal* yn ardal Felingwm, mae yna *Cnwc y Manal* — hynny ydi bryn y banadl — yn ochrau Aberporth.

Manal, meddai Mr Ben Davies Richards, Porth-y-rhyd wrthyf, fyddai pobol yn ardal Felingwm yn ei ddweud am *banadl*. Ychwanega ef ei bod hi'n arfer defnyddio banadl i wneud sgubellau i lanhau'r sgubor. Mae'r sylw ola hwn yn ein hatgoffa mai *broom* ydi'r gair yn Saesneg am lwyn banadl ac am sgubell — am mai â banadl y gwneid sgubellau.

Cichle

Enw fferm yn Llanfaes yn ymyl Biwmares ydi *Cichle*. Mae'r enw'n digwydd hefyd yn Llandegfan; *Allt Cichle* ydi enw'r allt serth sy'n dringo o ffordd Biwmares am Landegfan ychydig ar ôl ichi adael Porthaethwy. Lle mae'r allt heddiw, roedd yna erstalwm dir o'r enw *Cae Cichle* neu *Tyddyn Cichle*.

Ar yr olwg gynta mae *Cichle* yn edrych yn enw Cymraeg da. Mae'r *ch* yn ei ganol a'r *le* ar ei ddiwedd yn rhoi'r argraff honno. Ond mewn gwirionedd camarweiniol hollol ydi ei wedd Gymraeg.

Y gwir amdani ydi mai enw estron ydi *Cichle*. I'w egluro mae gofyn mynd yn ôl bron i chwe chant o flynyddoedd ac i dref Biwmares tuag adeg Owain Glyndŵr. Un o'r Saeson a ddaeth i Fiwmares yr adeg honno oedd gŵr o'r enw *John Kyghley, knight* — gŵr o Keighley yn Swydd Efrog, mae'n debyg.

Heddiw fel *Kiffli* y byddem ni'n ynganu enw'r gŵr hwn a'r dref yn y West Riding lle cychwynnodd ei deulu. Ond nid sain *ff* oedd i'r llythrennau *gh* yn Saesneg erstalwm. Roedd yn debycach o lawer i'n *ch* ni.

Yn y geiriadur a luniodd i helpu Cymry i feistrioli Saesneg mae'r Cymro William Salesbury yn 1547 yn dweud fod *gh* yn 'un llef â'n *ch* ni' ond bod y Saeson yn ynganu *gh* yn llai gyddfol nag *ch* Gogledd Cymru.

Draught meddir am gwrw yn syth o'r gasgen heddiw, gan ei ynganu'n *drafft*. Roedd y gair Saesneg ar un adeg yn debycach ei sain i *dracht*, ac o hwnnw y cawsom ni *dracht* a *drachtio* yn Gymraeg. Yn yr un modd sain *ch* feddal oedd yn enw John Kyghley yn Saesneg. I'r Cymry oedd yn byw yn ardal Biwmares tua 1411 *John Cichli* neu *John Cichlei* ydoedd. Yn 1415 cafodd y *John Cichlei* hwn afael ar dir yn ardal Biwmares oedd yn eiddo i'r Goron. Gydag amser daethpwyd i alw'r tir yn *Tir y Cichlei* ac yna'n *Tir y Cichle*.

Dyna *Cichle*, felly: enw teulu o Saeson o Keighley a fu'n dal tir yn yr ardal bron i chwe chant o flynyddoedd yn ôl. Mae'r enw'n cadw cof am hen hanes y fro ac am ynganiad y Saesneg pan oedd sain *ch* yn yr iaith honno.

Cilwene

Enw fferm ym mhlwy Llansawel (neu Lansewyl ar lafar) ydi *Cilwene Isa*, a chartre rhai o hynafiaid D.J. Williams. Ond beth am ystyr yr enw?

Mae yna *Gilwene Isa* a *Chilwene Ucha* ym mhlwy Llansawel yn yr hen Sir Gâr. Mae *Cilwene* arall yn ardal Llanarth yng Ngheredigion. At hyn, mae yna gryn ddwsin neu ragor o ffermydd o'r enw *Cilwen* neu *Y Gilwen* ar hyd a lled Cymru, ac amryw ohonyn nhw yn Nyfed.

Mae'n rhaid fod yna air *cilwen*, lluosog *cilwenau* (*cilwene* ar lafar) a oedd ar un adeg yn elfen eitha poblogaidd wrth enwi ffermydd. Enw benywaidd ydoedd: *y gilwen*, ac nid *y cilwen*, a ddywedid.

Mae *cil* yn golygu 'congl, lle o'r neilltu' neu o bosib 'cefn, tu ôl, gwar', yn elfen gyffredin mewn enwau lleoedd. Ond enw gwrywaidd ydi'r *cil* yma yn ddieithriad yn ôl y geiriaduron. Pan gydir *cil* wrth enw benywaidd, yna gair benywaidd ydi'r cyfuniad. Dyna ydi *Y Gilfach*, o *cil* a *bach* 'cornel, tro'. Dyna hefyd ydi *Y Gilwern* o *cil* a *gwern*: cefn y wern neu fan yng nghil neu ar ymyl y wern ydi ystyr *Gilwern*.

Beth am Cilwen, y Gilwen? Naill ai mae'n rhaid derbyn fod *cil* yn gallu bod yn enw benywaidd ac mai'r *cil* benywaidd hwnnw a'r ansoddair *gwen* yn dilyn *cil*.

Oes yna air felly? Nac oes, yn y geiriaduron. Ond dro'n ôl fe soniais i am *Banwen* a'i esbonio fel ffurf ar *Y Banwan* neu *Y Banwaun* — hynny ydi, *pan* 'plu'r gweunydd' a *gwaun*. Ar batrwm tebyg fe ellid cael *cilwaun* — *cilwan* — *cilwen*, *y gilwen*.

Os *cil* benywaidd a'r ansoddair *gwen* sy'n *cilwen*, fe allai olygu llecyn cysgodol yn llygad yr haul. Os *cil* a *wen* yn ffurf lafar ar *gwaun* ydi o, yna fe olygai lecyn ar gwr gweundir. Ond hyn sy'n rhyfedd — fod yna air *cilwen*, *y gilwen*, *cilwenau* yn air cyffredin gan bobol y wlad wrth enwi ffermydd erstalwm, a'r gair hwnnw heb ddigwydd o gwbwl, hyd y gwn i, mewn unrhyw destun llenyddol nac mewn unrhyw eiriadur.

Coedymwstwr

Fyddai hi ddim yn anodd llunio stori fawr liwgar i esbonio enw *Coedymwstwr*, y plasty yn ymyl Pen-y-bont ym Morgannwg.

Mae yna air *mwstwr* yn Gymraeg yn golygu 'stŵr, cyffro, cynnwrf'. Mae'n perthyn i'r gair 'muster' yn Saesneg am gynulliad o filwyr, a'r ddau air — *mwstwr* a 'muster' — yn disgyn yn y pen-draw o'r gair Lladin sy'n ail ran 'demonstration'.

Ydi, mae hi'n hawdd dychmygu stori am ryw fwstro — milwyr yn ymgynnull a stŵr a chyffro — yn ardal Pen-y-bont a Llangrallo erstalwm. Ond camesbonio dybryd fyddai dyfeisio stori felly. Mae'r esboniad iawn yn dra gwahanol, fel y dangosodd yr Athro Gwynedd Pierce.

Na, nid *mwstwr* 'helynt' sydd yma ond ffurf lafar ar hen air Cymraeg coll *mystwyr* yn golygu mynachlog. Mae'n hawdd esbonio hwnnw: mae'n hen fenthyg i'r Gymraeg o air Lladin *monasterium*, neu'n hytrach o *monsterium* mewn Lladin llafar — hynny ydi, o'r math o Ladin glywech chi ar lafar yng Nghymru yn yr Oesoedd Canol cynnar. O *monsterium* yn Lladin fe gaech chi *mystwyr* yn Gymraeg yn rheolaidd. Ar lafar fe newidiai *mystwyr* yn *mystwr* ac yn *mwstwr*.

Mae *Mwstwr* yn digwydd yn enw lle yn ardal Glyndyfrdwy yn ymyl Corwen — *Mystwyr* mewn hen ddogfennau. Enw oedd hwnnw ar dir yn perthyn i abaty Glyn-y-groes (neu Valle Crucis) ger Llangollen. Yr un gair sy'n *Coedymwstwr* Morgannwg. Roedd y tir yn y fan honno ar un adeg yn perthyn i ryw fath o sefydliad crefyddol neu fynachlog.

Croescwrlwys

Croescwrlwys — Culverhouse Cross yn Saesneg — ydi enw'r llecyn lle mae stiwdio HTV ar gyrion Caerdydd, i gyfeiriad y Barri.

Mae'n hawdd egluro'r *Groes* a'r *Cross* yn yr enw. Fan yma roedd yr hen ffordd o Gaerdydd i Ben-y-bont yn croesi'r ffordd o'r Barri i Sain Ffagan. Roedd yn groesffordd bwysig.

Gair Morgannwg am groesffordd neu groeslon oedd *croesheol* neu *croesewl*. Mae *Croesheol* yn digwydd yn enw ar y groesffordd mewn hen fap o tua 1762-3, a *Crossway* yn Saesneg mewn dogfennau cynharach na hynny. Yn ymyl roedd fferm o'r enw *Culverhouse*. Cydiwyd enw'r fferm wrth enw'r groesewl i roi *Culverhouse Cross* — enw croesffordd.

Beth am *Culverhouse*? I ni heddiw mae'n taro'n enw diarth ond ewch yn ôl rai cannoedd o flynyddoedd ac roedd *culver* yn air cyffredin yn Saesneg am golomen. Mae'n para'n air byw ar lafar am sguthan mewn rhannau o dde Lloegr.

Roedd *culverhouse* hefyd erstalwm yn air cyffredin am golomendy. Mae hynny'n mynd â ni'n ôl i gyfnod pan oedd colomennod yn rhan o'r fwydlen mewn gwleddoedd, ac arglwyddi tir a mynaich yn magu'r adar mewn colomendai.

Ar lafar yn Gymraeg aeth enw fferm *Culverhouse* yn *Cwrlws* ac yn *Cwrlwys*. *Croescwrlwys*, felly, ydi enw ar groesffordd yn ymyl fferm o'r enw Culverhouse lle'r oedd unwaith golomendy.

Cwm Brân

Cwm Brân yw'r dref ieuengaf yng Nghymru. Fe'i codwyd yn y pumdegau, yn sgil Deddf Trefi Newydd 1946, yn gartref i weithwyr yn y diwydiannau oedd yn tyfu rhwng Casnewydd a Phontypŵl.

Roedd yr enw'n bod cynt. Roedd yn enw ar bentref, a chyn hynny ar fferm, yng nghwm afon fechan o'r enw Brân a lifai i lawr o'r gorllewin i ymuno ag Afon Lwyd. Ond mae'r dref newydd dipyn yn is i lawr na'r hen Gwm Brân. Afon neu nant o'r enw Brân a roddodd i'r dref newydd ei henw, felly. Ond pam galw nant yn *Brân*?

Ar ôl *brân* yr aderyn, meddai rhai — am fod dŵr yr afon yn ddu. Efallai'n wir. Ond nid yw enwi afonydd ar ôl adar yn beth cyffredin yng Nghymru, hyd y sylwais i.

Yr enw personol *Brân* sydd yma, meddai eraill. Mae hynny'n bosib. Ond mae yna un ffaith y mae gofyn ei nodi: y mae *Brân* yn digwydd amryw o weithiau yn enw ar nentydd bychain, yn enwedig yn y De.

Mae Afon Brân yn llifo i Afon Arth yn ymyl Cross Inn yng Ngheredigion. Mae afon Brân arall yn ymuno â Thywi yn Llanymddyfri ac un arall eto yn ardal Glansefin, i'r dwyrain o Langadog. Ac mae tair neu bedair heblaw'r rhain. Ychwanegwch Afon Brenig yn Nhregaron ac Afon Brenig ar Hiraethog. *Brân* a'r terfyniad — *ig* — hynny ydi, 'Brân fechan' — ydi enwau'r rheini.

Pam fod *Brân* yn enw mor gyffredin ar nentydd neu afonydd gweddol fach — gan gynnwys y nant yr enwyd tref Cwm Brân ar ei hôl? Mae'n rhaid fod yna ryw esboniad syml petaem ni'n medru taro arno.

Cwm Cneifion yn Eryri

Ar agor o'm blaen mae map diweddaraf yr OS o Eryri. Arno, rhwng y ddwy Gludair uwchben Llyn Idwal, fe brintiwyd yn gwbwl glir *Cwm Cneifion or The Nameless Cwm*.

Mae'n wir fod yr enw Cymraeg wedi ei osod uwchben y Saesneg, ond go brin fod hynny'n cyfiawnhau twpdra digywilydd golygydd y map. 'The Nameless Cwm' yn wir!

Cwm Cneifion ydi enw'r cwm. Mae *cneifion* yn air naturiol braf yn Gymraeg am gnu neu wlân dafad — am fwy nag un cnu, mewn gwirionedd, oherwydd lluosog y gair *cnaif* ydyw. Gall *cnaif* — *cneifion* olygu'r weithred o gneifio hefyd 'shearing' yn Saesneg.

Mae'r gair yn digwydd yn y Beibl — yn yr hen gyfieithiad. Yno, yn llyfr Deuteronomium 18.4, sonnir am roi i'r offeiriaid 'flaenffrwyth cnaif dy ddefaid' — 'Y cnu cyntaf wrth gneifio dy ddefaid' yn y cyfieithiad newydd.

Mae'r gair gan Goronwy Owen hefyd mewn darn enwog o gywydd yn moli ffrwythlondeb Môn. Mae'r ynys, meddai Goronwy, yn gyfoethog o ddefaid — o dda gwynion — a'r rheini'n rhoi digonedd o gnu llydan:

> Cneifion dy dda gwynion gant,
> Llydan, a'th hardd ddilladant.

Mae galw Cwm Cneifion yn 'Nameless Cwm' mor dwp â phe bawn i yn mynnu fod Buttermere yn Ardal y Llynnoedd yn Llyn Di-enw!

Ychydig uwchben 'Cwm Cneifion or The Nameless Cwm' ar y map, mewn print glas bras mae'r geiriau Saesneg 'National Nature Reserve'. Gresyn na fuasai parchu'r iaith frodorol yn rhan o syniad mapwyr y Llywodraeth am gadwraeth.

Cwm-Rhyd-y-Ceirw

Hyfryd o enw ydi *Cwm-rhyd-y-ceirw*, enw pentre yn ymyl Treforys, yng ngwaelod Cwm Tawe. Fe fyddai'n hawdd iawn ei dderbyn fel y mae a sôn am geirw yn dod i yfed wrth ryd ar draws afon, ar adeg pan oedd ceirw bychain gwyllt yn greaduriaid pur gyffredin yng Nghymru.

Ond arhoswch funud cyn ymroi i ddychmygu rhyw orffennol rhamantus fel yna. Trowch yn hytrach at argraffiad cynta map yr Ordnans a luniwyd tua 1830. Ar hwnnw yr enw gewch chi ydi *Cwm rhyd y cwrw*.

Ie, *cwrw*, ac nid *ceirw*! Mae'n deg casglu mai *Cwm-rhyd-y-cwrw* oedd yr hen enw. Naill ai roedd yna gario cwrw dros ryd yn y fan yma, neu — ac mae hynny, hwyrach, yn fwy tebygol — roedd yna dynnu dŵr o'r afon ger y rhyd ar gyfer bragu cwrw.

Dylanwad mudiad dirwest y ganrif ddwytha, mae'n debyg, a barodd barchuso *Cwm-rhyd-y-cwrw* yn *Cwm-rhyd-y-ceirw*. Digwyddodd rhywbeth tebyg i enw *Ffynnonycwrw* yn ardal Bwlchgwyn/Brymbo yn ymyl Wrecsam. Newidiwyd hwnnw hefyd yn *Ffynnon-groyw*.

Mae yna enghreifftiau eraill, amryw ohonyn nhw, o enwau lleoedd yn cael eu newid a'u parchuso. Dyna ichi *Rhyd-halog*, er enghraifft. Enw ydi hwnnw yn disgrifio rhyd lle'r oedd y dŵr wedi ei *halogi* — lle'r oedd y dŵr yn fudur yn amlach na pheidio. Ar lafar roedd yr *h* yn *halog* yn caledu'r *d* ar ddiwedd *rhyd*, a rhywbeth tebyg i *Rhytalog* yr oedd y glust yn ei glywed. Cam bach wedyn oedd troi *Rhyd-halog* yn *Rhyd-talog* a dyna'r ffurf gewch chi bellach mewn mwy nag un ardal yng Nghymru mewn mannau lle bu rhyd ar ryw adeg. *Rhyd* a *halog* yn golygu brwnt neu fudur ydi'r enw, ac nid *rhyd* a chyfeiriad at ryw ddyn o'r enw Talog, fel y mynnir yn aml.

Enghraifft arall ydi enw *Barn Hill*, 'bryn yr ysgubor', yn ymyl Biwmares. Parchuswyd hwnnw yn *Baron Hill*, yn enw teilwng o brif gartref teulu tiriog y Bwcleaid.

Cwm-y-glo

Pam, meddech chi, y mae pentre o'r enw *Cwm-y-glo* yn Arfon, rhwng Llanberis a Chaernarfon, mewn man lle na fu erioed bwll glo ar ei gyfyl? Yr ateb ydi fod *glo* yn Gymraeg yn gallu golygu golosg neu siarcol yn ogystal â glo arferol. Golosg ydi'r *glo* yng *Nghwm-y-glo*. Roedd hi'n arfer ar ryw adeg losgi coed i gynhyrchu golosg yno.

Roedd paratoi golosg yn grefft bwysig mewn hen oes ac yn grefft yn gofyn am gryn fedr. Roedd gofyn torri coed yn hydau o faint arbennig, yna eu pacio'n ofalus er mwyn gwneud yn siŵr eu bod yn llosgi'n araf — yn mudlosgi'n olosg ac nid yn fflamio.

Enw lle arall sy'n cadw cof am yr hen arfer yma ydi *Gloddaith* yn ymyl Llandudno ac enw'r tŷ a fu'n gartre i deulu'r Mostyniaid. Cyfuniad ydi *Gloddaith* o *glo* a'r elfen *daith* sy'n y gair *goddaith*. Tân mawr, coelcerth ydi ystyr *goddaith*. Mae'n air hefyd am losgi eithin a grug a rhedyn ar dir gwyllt ar ddechrau'r gwanwyn.

Enw ar fan lle'r oedd llosgi coed at gynhyrchu golosg oedd *Gloddaith*. Pan ystyriwch chi fod yr enw yn digwydd mewn cofnod o 1298, dyna ddweud wrthym fod paratoi golosg yn grefft yn ardal Llandudno cyn y flwyddyn honno — sbel cyn hynny, mae'n debyg.

Ffurf arall ar *golosg* oedd *golosged*. Mae'r gair hwnnw'n para'n fyw yn Nyfed am fonion eithin wedi llosgi. A dyna'r esboniad at yr enw *Losged* ar ddarn o dir comin ger Cwmcamlais ym Mrycheiniog.

Cyncoed

Enw ar ran o Gaerdydd ydi *Cyncoed*. Beth amdano?

Yr ateb yn syml ydi mai *Cefncoed* neu *Cefn-coed* oedd yr enw i gychwyn. Mewn dogfen o'r flwyddyn 1703, a argraffwyd yn rhifyn 1883 o *Archaeologia Cambrensis*, mae'r enw'n digwydd yn y ffurf *Kevencoyd* a *Hewl y Keven-coyd*.

Mae Kevencoyd — hynny ydi, *Cefen-coed*, yn ffurf ddiddorol. Mae'n dangos y gair *cefn* yn mynd yn *cefen* ar lafar pan mae'n cael ei ynganu ar ei ben ei hun. Mae llafariad yn magu rhwng *f* ac *n* ar ddiwedd gair unsill yn nhafodieithoedd y De. *Ofn* a *cafn* a ddywed Gogleddwr; *ofon* a *cafan* a glywir yn y De. *Cefn* meddai Gogleddwr; *cefen* meddir yn y De.

Pan ddaw *fn* yn gwlwm gyda'i gilydd ar ddiwedd rhan gyntaf gair deusill, mae tuedd yn y De i'r *f* gael ei cholli. *Cefnder* ydi'r gair am fab i ewythr neu fodryb. *Cefnder* a ddywedir yn y Gogledd, ond *cender* glywch chi yn y De. Yn yr un modd *cenffordd* a glywch chi yn y De am *cefnffordd* — fel yn enw *Penygenffordd* ger Talgarth ym Mrycheiniog.

Ar yr un patrwm â *cender* a *cenffordd* am *cefnder* a *cefnffordd*, fe allai *cefncoed*, yn air cyfansawdd clos, fynd yn *cencoed* yn y De. Dyna a ddigwyddodd yn achos *Cefncoed* Caerdydd. Aeth yn *Cencoed* ar lafar. Mae tystiolaeth am y ffurf honno mewn hen ddogfennau. Ar lafar eto aeth y *cen* ar ddechrau *Cencoed* yn *cyn* i roi inni'r ffurf *Cyncoed*.

Gallwn bellach ail-greu stori'r enw. Mae'n dechrau'n *Cefn-coed*, yna *Cefncoed*, wedyn *Cencoed*, ac yn ddiweddarach eto *Cyncoed*.

Mae ffurfiau hyn yn enghraifft dda o sut y mae iaith yn newid ar lafar dros y canrifoedd. Mae'n brawf hefyd nad oedd y fath beth yn bod mewn iaith fyw â ffurfiau sy'n derfynol 'gywir' dros byth. Wedi'r cwbwl, fyddai neb heddiw am weld adfer yr hen ffurf *Cefncoed* yn lle *Cyncoed*.

Chwitffordd

Be wnewch chi â'r enw *Chwitffordd*? Dyna'r ffurf arferol yn Gymraeg ar enw pentre yng Nghlwyd, rhwng Prestatyn a Threffynnon, lle'r oedd cartre Thomas Pennant (1726-98), awdur *Tours in Wales* a llyfrau eraill.

Whitford ydi'r enw yn Saesneg. Mae hwnnw'n hen, hen enw. Mae'n digwydd yn y ffurf *Widford* yn Llyfr Domesday, yn yr arolwg enwog o diroedd ei deyrnas a wnaed ar orchymyn y brenin Wiliam Goncwerwr yn 1086. Cyfuniad ydi'r enw o *ford*, rhyd i groesi afon, a hen ffurf ar *wide* neu ar *white*. Mae'n disgrifio rhyd lydan neu ynteu ryd lle'r oedd y dŵr neu wely'r afon yn wyn.

Wrth gwrs, mae'r enw *Widford* neu *Whitford* yn hŷn na Llyfr Domesday. Mae'n un o'r enwau Hen Saesneg rheini sy'n tystio am afael y Saeson ar rannau o ogledd-ddwyrain Cymru mor gynnar â'r wythfed ganrif — dros ddeuddeg cant o flynyddoedd yn ôl.

Beth am enw Cymraeg y pentre? *Chwitffordd* ydi'r ffurf arferol. Honno sy'n *Rhestr o Enwau Lleoedd* Prifysgol Cymru ac ar y map Cymraeg o Gymru a gyhoeddwyd yn 1991 gan gwmni Cyhoeddiadau Stad yn y Drenewydd. Ond mae rhai o Gymry gogledd Clwyd yn anfodlon ar *Chwitffordd* ac am weld arddel yr enw *Rhydwen* neu *Rhyd-wen* yn ei le.

Fynnwn i er dim daflu dŵr oer am ben sêl Gymreigio'r bobol hynny sy'n gwthio Rhydwyn. Ond am fater yr enw arbennig hwn, rwy'n anghytuno â nhw.

Mae ugain neu ragor o lefydd yn dwyn yr enw *Rhydwen* neu *Rhyd-wen* yng Nghymru. Mae un ym Môn a newidiodd o *Rhyd-wen* i Rhyd-wyn. Does dim tystiolaeth fod *Rhydwen* yn hen enw yn ardal Whitford. Yn wir, yn y cylchgrawn *Archaeologia Cambrensis* yn 1921 mae'r diweddar Ellis Davies yn dweud yn groyw mai ffurf ddiweddar iawn oedd Rhydwen yn y cylch.

Gyda llaw yr enw *Rhydwen* cymharol ddiweddar yma yn Sir y Fflint a roddodd i'r bardd Rhydwen Williams ei enw; un o'r ardal hon oedd ei dad.

Ar y llaw arall, mae *Chwitffordd* yn hen. Mae'n digwydd yn y ffurf *Chwitforth* mewn llythyr a sgrifennodd rheithor y plwy ar 3 Tachwedd 1284 i gydnabod ei fod wedi derbyn iawndal o 13 swllt am y difrod a wnaed i'w eglwys yn ystod cyrchoedd Brenin Lloegr yn erbyn Llywelyn.

Chwitffordd yn 1284, ac ers sbel cyn hynny, mae'n siŵr. Mae'r ffurf gyda *chw* ar ei dechrau ac *dd* ar ei diwedd yn brawf fod Cymry'r ardal wedi Cymreigio'r Whitford Saesneg yn gynnar iawn.

Mae *Chwitffordd* — fel *Prestatyn* yn hytrach na *Preston* — yn dystiolaeth am y Gymraeg yn adennill tir yng ngogledd-ddwyrain Cymru tua naw can mlynedd yn ôl. Mae'r ffurf yn rhan fechan ond pwysig o'n hanes a'n hetifeddiaeth.

Diserth neu Dyserth

Pentre yng Nghlwyd, rhwng Rhuddlan a Phrestatyn, ydi *Dyserth*. Mae *Diserth* yn enw plwy ym Mhowys, ychydig i'r gogledd o Lanfair-ym-Muallt. Ac mae fferm o'r enw *Dyserth*, yn ôl map yr OS, ychydig i'r de o'r Trallwng.

Fe synnech, rwy'n siŵr, pe dywedai rhywun wrthych fod yna berthynas agos rhwng y tri enw lle hyn â'r gair Saesneg *desert* yn golygu anialwch. Ond dyna'r gwir ichi.

Dyserth Clwyd, *Diserth* Maesyfed, a *Dyserth* yn ymyl y Trallwng: ffurfiau ydi'r tri enw ar hen air Cymraeg *diserth*. Yn fanwl gywir *Diserth* gydag *i* ddylai ffurf yr enw fod yn y tri lle.

A'r hen air *diserth* yna? I esbonio hwnnw mae gofyn inni ddechrau gyda'r gair Lladin *desertus* am le anial heb neb yn byw yno. Benthyg o'r gair Lladin hwn ydi *desert* yn Saesneg.

Yn Lladin yr Eglwys Fore daeth *desertum*, neu *disertum* ar lafar, yn air am le anial o'r neilltu y byddai dynion crefyddol yn cilio yno i fyw'n feudwyaidd. Benthyg o *disertum* yn Lladin yr Eglwys oedd *diserth* yn Gymraeg — gair am gell meudwy, am fan lle ciliai rhai o'r hen 'seintiau' rhag y byd.

Yn Diserth neu Dyserth yng Nghlwyd, yn Diserth ger Llanfair-ym-Muallt ac yn ymyl y Trallwng, roedd yna ar un adeg, ymhell yn ôl, encilfa neu noddfa i ryw sant neu'i gilydd.

Yn Iwerddon fe gewch chi *Disert* a *Desart* yn aml mewn enwau lleoedd. Benthyg o *desertum* yn Lladin yr Eglwys ydi'r enwau lleoedd hynny hefyd. Enwau ydyn nhwythau yn cadw cof am encilfa rhyw feudwy.

Esgobaeth Brân

Enw fferm yng nghanol Ynys Môn, rhwng Llangefni a Phentraeth, ydi *Esgobaeth Brân*. Ar yr olwg gynta mae'n edrych yn enw urddasol ddigon, nes ichi ddechrau meddwl amdano. Wedyn mae cwestiynau'n codi.

Pam galw fferm ym mherfeddion gwlad yn esgobaeth? A beth ydi'r frân yn yr enw — ai aderyn, ai'r Brân hwnnw yr adroddir amdano yn y Mabinogi yn cerdded drwy'r môr i Iwerddon i achub cam ei chwaer Branwen? Ac wedyn, beth oedd a wnelo brân dyddyn neu hanner-duw cyn-Gristnogol ag esgobaeth? Erbyn ichi ofyn y cwestiynau yna, mae'n amlwg, yntydi, fod yr enw *Esgobaeth Brân* yn un pur od, a dweud y lleia.

Yr Athro Melville Richards, un o arloeswyr mawr astudio enwau lleoedd Cymraeg, a eglurodd yr odrwydd. Wrth chwilio ymhlith hen bapurau stad y Penrhyn fe sylwodd ef mai'r enw bum can mlynedd yn ôl oedd *Tyddyn Gobaith Brân*.

Tyddyn Gobaith Brân, sylwch. Hynny ydi, tyddyn na allai dim ond brân obeithio byw arno. Enw gwawdlyd, math o flasenw, oedd enw'r lle ar y cychwyn. Yn nes ymlaen, ar lafar, gollyngwyd y gair *tyddyn* ar ddechrau'r enw gan adael *Gobaith Brân* yn unig. Y cam nesaf oedd i rywun, tua 1780, gymryd mai llygriad o *Esgobath Brân* oedd hwnnw. Crewyd ffurf newydd ffug. Honno a gofnodwyd ar fap cynta'r Ordnans yn 1838 ac ar bob map oddi ar hynny.

Gyda llaw, fe gewch chi enghreifftiau o Crow Comfort Farm yn enw ar ffermydd yn Lloegr. Mae hwnnw hefyd yn aml yn cael ei newid yn *Cold Comfort Farm*.

Y Fali

Mae enw pentre'r *Fali* ym Môn yn bwnc dadlau byth a hefyd.

Tan yn ddiweddar *Valley* oedd unig ffurf gyhoeddus yr enw. Dyna gaech chi ar fapiau ac ar arwyddion ffyrdd. Ac yna naw mlynedd yn ôl penderfynodd Cyngor Sir Gwynedd fabwysiadu ffurf Gymraeg, *Dyffryn*. Bellach ar arwyddion nodir *Dyffryn* a *Valley*. Yna yn ddiweddar ailgodwyd y ddadl gan gynghorydd lleol yn mynnu mai *Y Fael-lif* oedd yr hen enw, ac y dylid defnyddio hwnnw yn hytrach na *Dyffryn*.

Oes modd torri'r ddadl ar sail tystiolaeth sicr? Yn fy marn i, oes, yn bendant.

Y peth cynta i'w bwysleisio ydi nad oedd yna bentre yn y fan yma cyn gwneud y lôn bost newydd — lôn Telford — ar draws Môn i Gaergybi. Roedd yr hen lôn yn croesi drosodd i Ynys Cybi filltir dda tua'r de, lle mae Pontrhypont (neu Pont-rhyd-y-bont). Daeth Telford a'i ffordd newydd. Tua 1822-1823 codwyd cob neu 'embankment' i gludo'r lôn newydd ar draws culfor y Lasinwen.

Yn 1825 mae gŵr o'r ardal yn gwneud cais am drwydded i agor tafarn ym mhen Sir Fôn i'r Cob. Mae sut y cyfeirir at leoliad y dafarn honno yn y dogfennau swyddogol yn dweud llawer. Ym mis Mai 1825 tŷ 'situate near the Embankment' ydyw. Ym mis Mehefin sonnir am 'Embankment' a 'Valley'. Ym mis Medi enwir y tafarnwr fel Griffith Jones 'of Cleifiog and of Valley'. (Cleifiog oedd enw fferm yn yr ardal).

Yn 1825 doedd dim enw sefydlog ar y clwstwr tai ym mhen Sir Fôn i'r Cob. I bwrpas swyddogol cyfeirid atyn nhw fel *Embankment* (am mai dyna'r peth newydd amlwg yno) neu fel *Valley*. O dipyn i beth tyfodd y dyrnaid tai yn stribyn o bentref. Gallasai *Embankment* neu *Valley* — neu *Cleifiog*, o bosib — fod wedi plwyfo'n enw arno.

Valley a enillodd. Hwnnw, mae'n amlwg, oedd fwya cyffredin ar lafar. A phan ddaeth y rheilffordd yn 1847 ac agor stesion yno, *Valley Station* a fabwysiadwyd yn enw arni.

Roedd yr enw wedi cydio. Toc wedyn cawn bobol yn gwahaniaethu rhwng *Valley* o gwmpas y stesion a *Hen Valley* neu *Bentre Gwyddelod* ym mhen y Cob.

Dyna, yn fyr, y stori — ar sail tystiolaeth dogfennau. Enw a ddaeth i fod ar lafar tua 1822-1825, adeg codi'r Cob, ydi *Valley*, enw Saesneg gan weithwyr yn gwneud y lôn newydd.

Un esboniad a glywais i arno, a hynny mewn traethawd gan hanesydd lleol a fu farw yn 1881. Adeg codi'r Cob, meddai ef, roedd cryn gario pridd a cherrig o gaeau cyfagos ac roedd y gweithwyr yn galw'r toriad lle caent bridd a cherrig yn *valley*.

Beth am *Y Fael-lif* a *Dyffryn*? Yr ateb syml ydi nad oes yna rithyn o sail hanesyddol dros yr un ohonyn nhw. Roedd gair *mael* yn Gymraeg yn golygu 'elw, proffid'. Roedd gair *maeliwr* hefyd ar lafar ym Môn am ddyn a âi o gwmpas tyddynnod a mân ffermydd yn prynu wyau a chywion ieir i'w hailwerthu ym marchnad Llangefni — *maeliwr* a *maelreg* (hynny ydi, *maelwraig*) am yr hyn a elwir yn 'middleman' yn Saesneg. Does dim tystiolaeth yn unman fod y fath air â *mael-lif* wedi bod yn rhan o'r Gymraeg erioed — ac eithrio yn nychymyg rhyw grachesboniwr enwau lleoedd yn ceisio tarddiad Cymraeg i *Valley*.

A *Dyffryn*? Cyfieithiad o *Valley* ydi hwnnw, ac mor artiffisial â mynnu galw pentre o'r enw *Star* yn 'Seren'.

Valley ydi'r enw. Does dim dewis ond ei dderbyn a'i Gymreigio'n naturiol yn *Fali* — fel y gwnaeth pobol Sir Fôn ar lafar am dros chwe chenhedlaeth.

Farteg

Pentre i'r gogledd o Bontypŵl, rhwng Abersychan a Blaenafon, ydi'r *Farteg* — neu *Varteg* ar arwyddion ac ar fap. Mae *Farteg* hefyd yn enw bryn ym mhlwy Cilybebyll i'r gogledd o Bontardawe, a'r *Farteg* hwn yng Nghwm Tawe sy'n ein helpu i esbonio'r enw lle.

Dangosodd y diweddar Melville Richards (mewn erthygl a gyhoeddwyd yn Innsbruck yn Awstria) mai *Vargdeck* a *y varchdeg vawr* oedd ffurf yr enw yng Nghwm Tawe mewn hen ddogfennau o 1528 a 1595 — hynny ydi, mai *Y Farchdeg* ydoedd bedwar a phum can mlynedd yn ôl. Ond sut y mae esbonio *Y Farchdeg*, meddech chi?

Y cam cynta ydi cofio fod yna enwau lleoedd eraill yn dechrau gyda'r elfen *march*. Dyna ichi *Marchlyn* yn enw llyn yn Eryri, uwchben Deiniolen, a *Marchwiail* yn enw pentre yn ymyl Wrecsam.

Mae egluro *Marchwiail* yn weddol hawdd. *Marchwellt* ddywedwn ni am wellt mawr bras, *marchfieri* am fieri mawr, a *marchysgall* am ysgall mawr y mae'r Sais yn ei alw'n 'spear thistle'. *Marchwiail*, felly, ydi gwiail mawr, bras. Mae *march* ar ddechrau geiriau yn Gymraeg yn gallu golygu 'mawr' — yn union fel *horse* ar ddechrau gair fel 'horse radish' yn Saesneg. Ystyr *Marchlyn*, ar yr un math o batrwm, ydi llyn mawr.

Beth am *Marchdeg*? Fe allai'r gair hwnnw olygu lle arbennig o deg neu hardd iawn, iawn. Ar lafar newidiodd *Marchdeg*, *Y Farchdeg* yn *Marteg*, Y Farteg.

Y *Farteg* neu *Farteg* ydi'r enw heddiw yng Nghwm Tawe. *Marteg* sy'n digwydd yn enw ar afon fechan yn Saint Harmon i'r gogledd o Rhaeadr. *Varteg* gyda *v*, gwaetha'r modd, ydi'r ffurf welwch chi yng Ngwent.

Y Figin

Y Figin ydi'r enw yn lleol yng ngogledd Ceredigion ar Gors Fochno, y gors helaeth honno rhwng Machynlleth a'r Borth.

Ym *Mhenyfigin* ym mhlwy Llanfihangel-yng-Ngwynfa ym Maldwyn y ganwyd John Hughes, Pontrobert, y pregethwr Methodist blêr ei wisg a duwiol hwnnw a fu'n gynghorwr i Ann Griffiths.

Hen air Cymraeg am dir gwlyb, corsiog ydi *mign* neu *migin*. Ei luosog ydi *mignedd*. Mae hwnnw'n digwydd yn enw fferm *Talymignedd* yn Nyffryn Nantlle; pen y corsydd ydi ystyr yr enw hwnnw.

Defnyddir *migin* hefyd am unrhyw ddarn o dir meddal, gwlyb. Yn ôl dihareb a glywais yn Eifionydd 'ni ddaw egin lle bydd *migin*'. Yr ystyr ydi na fydd ŷd yn tyfu yn y tir o gwmpas porth neu adwy lle bu gwartheg yn sathru ac yn stampio â'u traed. Clywodd Syr Ifor Williams gyfaill iddo yn Arfon yn dweud ei fod wedi gweld *migin* llwynog yn yr eira. Ôl traed yn sathru ar rywbeth meddal oedd y *migin* hwnnw.

Ar lafar ym Môn mae *migno* yn cael ei arfer am sathru. 'Dos i *figno*', meddai ffarmwr erstalwm wrth beri i fachgen ifanc fynd i ben y pentwr yn y tŷ gwair i sathru'r gwair i lawr. Yn Eifionydd clywais innau ddweud fod cath yn *migno* ar glustog, hynny ydi yn tylino â'i thraed. Yr un *mign* neu *migin* mae'n debyg, sy'n y gair *migwyn* am fath o fwsog sy'n tyfu mewn llefydd gwlyb. 'White bog-moss' ydi *migwyn* yn Saesneg.

Foel Gasyth

Foel Gasyth ydi'r enw ar lafar ar fryn neu fynydd rhwng Dinbych a Nantglyn. *Foel Gasydd* — gydag *dd* yn hytrach nag *th* ar ei diwedd — ydi'r ffurf yn *Rhestr o Enwau Lleoedd* neu gasatîr Gwasg y Brifysgol.

Ond trowch yn ôl at yr atebion i holiadur Edward Lhuyd pan oedd yr ysgolhaig mawr hwnnw'n casglu gwybodaeth am wahanol blwyfi Cymru tua'r flwyddyn 1700: fe'u cyhoeddwyd dan y teitl *Parochialia* fel atodiadau i'r cylchgrawn *Archaeologia Cambrensis* yn 1909-1911. Yno *Moel Gathys* ydi'r ffurf.

Dyna ichi dair ffurf ar yr enw — *Foel Gasyth, Foel Gasydd*, a *Moel* neu *Foel Gathys*. Be wnawn ni ohonyn nhw?

Gadewch inni gychwyn gyda'r ffurf hyna — *Foel Gathys*, o tua 1700. Mae hi'n arfer yn Gymraeg cael treiglad meddal yn aml yn y gair neu'r elfen sy'n dilyn *foel* yn golygu pen crwn neu gopa — er enghraifft, *Foel Ddu, Foel Grach, Moel Fama*. A derbyn y patrwm hwnnw, mae'n dilyn mai *Cathys*, gydag *c* ar ei dechrau, ydi'r ail elfen yn enw *Foel Gathys*. Ystyriwch wedyn fod *Cathus*, ar ei ben ei hun fel yna, yn digwydd yn enw ar ddarn o wlad yng nghyffiniau Dinbych mewn arolwg a wnaed yn 1334.

Ond beth am *Cathus*? Mae *Cathus* yn digwydd yn enw dyn yn yr hen achau Cymraeg. Er enghraifft, mae yna sôn mewn un hen ach am rywun o'r enw Cathus fab Rhufawn fab Enedwy.

Gadewch inni'n awr roi cynnig ar esbonio enw *Foel Gasyth*. Roedd yna ar un adeg ymhell yn ôl, ŵr o'r enw *Cathus* yn byw yn Rhufoniog — hynny ydi, mewn rhan o'r Sir Ddinbych ddiweddarach. Galwyd tir yn y rhan honno ar ei enw yn *Cathus*. Enwyd bryn neu foel ar enw'r darn gwlad yn *Foel Gathus* (neu *Foel Gathys*). Yn ddiweddarach, ar ôl 1700, newidiodd *Foel Gathys* ar lafar yn *Foel Gasyth* — y math o newid wrth ynganu y mae ysgolheigion iaith yn ei alw'n drawosodiad (sef trawsosod neu ffeirio-lle dwy sain mewn gair). Ie, *Foel Gasyth* — moel neu fryn yn dwyn enw rhyw arweinydd lleol cynnar o'r enw *Cathus*.

Gabalfa

Pan oeddwn-i'n blentyn ac wedi bwyta pryd helaeth o fwyd, byddai nain yn gofyn yn chwareus, 'gest ti lond dy geubal?' Yn iaith lafar nain roedd 'llond dy geubal' yn ffordd annwyl o ddweud 'llond dy fol'.

Mae *ceubal*, yn ffigurol neu'n drosiadol, yn gallu golygu bol neu stumog. Ond ystyr lythrennol y gair *ceubal* yn Gymraeg oedd cwch ac yn arbennig cwch gwaelod fflat i groesi afon. Yn yr hen lyfrau cyfraith Cymraeg, lle sonnir am werth gwahanol offer, rhestrir cwrwg yn werth wyth geiniog a *cheubal* yn werth pedair ceiniog ar hugain.

Yn Gymraeg mae hi'n arfer ychwanegu *-ma* neu *-fa* at ddiwedd geiriau i gyfleu man neu le arbennig. Ychwanegwch *-ma* at *glan* a dyna gael *glanfa*, lle i lanio, cei. Ychwanegwch *-ma* at *ceubal* a dyna gael *ceubalfa* yn air am fan lle'r oedd ceubal neu gwch yn croesi afon. Rhowch y fannod *y* o'i flaen a dyna ichi *Y Geubalfa* a aeth ar lafar yn *Y Gabalfa* ac yn *Gabalfa*.

Enw ydi *Gabalfa* Caerdydd ar fan lle'r oedd ceubal yn cynnig gwasanaeth fferi ar draws afon Taf ar un adeg. Mae *Cabalfa* arall ar afon Gwy rhwng Rhyd-sbens a Chleirwy: fferm Cabalfa Uchaf sy'n cadw'r enw heddiw ond mewn hen oes roedd yma hefyd geubal yn fferi dros yr afon.

Gair arall am gwch bychan gwaelod fflat oedd *cafn* — am ei fod wedi ei gafnio allan o ddarn solet o goeden, mae'n debyg. Cwch fel hyn oedd yng Nghafn Gronant yn Nyffryn Conwy lle mae *Tal-y-cafn* heddiw. Mae'n ddiddorol sylwi fel mae enwau lleoedd fel hyn yn cadw cof am hen ddulliau o deithio erstalwm.

Gored y Gut

Gyferbyn â ffenest fy stydi ym Mangor mae lôn neu ffordd yn arwain i lawr at y Fenai. *Ffordd Gorad*, gydag *a* fel yna, ydi'i henw hi, ar lafar ac ar blât enwi'r Cyngor.

Cored ydi'r gair yn Gymraeg am fath o drap mawr yr oedd hi'n arfer ei adeiladu i ddal pysgod. Gair benywaidd ydi *cored*, felly *y gored* a ddywedir — *y gorad* ar lafar yn ardal Bangor.

Ar ddarn o draeth gweddol wastad, yr hen arfer oedd curo polion ar eu pennau i'r tywod neu'r mwd ac yna plethu gwiail rhyngddyn nhw i ffurfio argae ar hanner tro. Dyma oedd cored. Pan fyddai'r llanw i mewn yr oedd y gored o'r golwg a nofiai'r pysgod yn dalog braf i mewn drosti. Yna, wrth i'r llanw dreio, llifai'r môr allan drwy'r gwiail gan gaethiwo'r pysgod tu fewn i'r gored. Mater bach wedyn oedd eu casglu i fasgedi. Roedd amryw o'r coredau hyn ar lannau'r Fenai ac un ohonyn nhw oedd *Cored-y-gut* — Gorad-y-gut ar lafar.

Beth oedd *gut*, meddech chi? Chewch chi mo'r gair yng Ngeiriadur Prifysgol Cymru ond trowch i eiriadur Saesneg gweddol dda. Yno fe welwch nodi y gall *gut* yn Saesneg olygu sianel gul ac yn arbennig sianel rhwng banciau tywod. Dyna'r *gut* yn *Gored-y-gut*. Fe adeiladwyd y gored lle'r oedd sianel rhwng banciau tywod yn y Fenai — lle mae Ffordd Gorad neu Ffordd Gored-y-gut yn cyrraedd i lawr i'r traeth.

Mae tŷ ar fin y dŵr ar ei gwaelod sydd heddiw'n lle bwyta. Gored-y-gut oedd ei enw, ond yn ddiweddar fe'i hailfedyddiwyd yn Water's Edge a throi cefn ar dalp o hanes lleol.

Gorsedd

Mae *Gorsedd* yn enw ar bentre yn ymyl Chwitffordd yng Nghlwyd. Mae hefyd yn air neu elfen sy'n digwydd yn aml mewn enwau caeau a ffermydd trwy Gymru — mewn enwau fel *Penrorsedd*, er enghraifft.

Holwch bobol am ystyr y gair *gorsedd* heddiw ac fe gewch ddau ateb. Mae'n golygu naill ai (1) gorseddfainc brenin neu frenhines, neu ynteu, (2) gydag *G* fawr, cymdeithas neu sefydliad arbennig ar gyfer beirdd. Ond ystyron cymharol ddiweddar i'r gair *gorsedd* ydi'r rhain. Mae'n anodd olrhain *gorsedd* yn yr ystyr o orseddfainc ymhellach yn ôl na'r bymthegfed ganrif — hynny ydi, rhyw bum can mlynedd. Am *Gorsedd* yn golygu sefydliad ar gyfer beirdd, dau gant oed union ydi'r gair yn yr ystyr hwnnw. Fe'i defnyddiwyd gyntaf gan Iolo Morganwg tua 1791 am y cyfarfodydd beirdd y dechreuodd ef eu cynnal.

Mae'r gair *gorsedd* yn hŷn o lawer, yn mynd yn ôl i gychwyn y Gymraeg ac ymhellach na hynny. Un o ystyron y gair yn ei hen ddefnydd oedd llys neu gynulliad. Mae'n digwydd am lys barn yn llyfrau Cyfraith Hywel. Ystyr arall *gorsedd* oedd tomen o bridd, carnedd, bryncyn, ac yn aml bryncyn lle'r oedd hen gladdfa neu *tumulus*.

Dyna oedd Gorsedd Arberth y Mabinogi — bryn ac iddo gysylltiadau 'cysegredig', llawn dirgelwch.

Mae yna gysylltiad rhwng y gwahanol ystyron hyn, dim ond inni gofio ei bod hi'n hen arfer cynnal llysoedd yn yr awyr agored ar fryncyn — yn aml ar fryncyn ac iddo gysylltiadau 'cysegredig'.

Yn *Gorsedd*, yn ymyl Chwitffordd, bryn ydi'r ystyr: mae hen fedd neu *tumulus* yno hefyd. A bryn ydi'r ystyr yn enw *Yr Orsedd Goch* yn ymyl Wrecsam, enw a gafodd ei Seisnigo i roi *Rossett* heddiw.

Kent ger Caernarfon

Peth annisgwyl ydi gweld *Kent* yn enw ar fferm yn ymyl Pont-rug, gerllaw Caernarfon. Mae'n hawdd deall pam y cynigiodd rhywun mai teulu o Kent yn Lloegr a ddaeth yno i fyw rywdro. Ond y gwir amdani yw bod yr esboniad hwnnw'n gwbwl gyfeiliornus.

Trowch yn ôl at hen ffurfiau — yn rhestrau Treth Dir y ddeunawfed ganrif yn Archifdy Gwynedd ac ym mhapurau stadau fel y Faenol. Yno fe gewch chi olwg arall dra gwahanol ar yr enw. Yr hen ffurf oedd *Cefn Tre Saint*. Mae'n hawdd egluro hwnnw. *Saint* yw un ffurf ar enw'r afon sy'n llifo o Lyn Padarn dan Bont-rug i'w haber yng Nghaernarfon. Fferm oedd ystyr *tref* erstalwm. Byddai *Tre Saint* yn taro i'r dim yn enw ar fferm yn ymyl yr afon. *Cefn Tre Saint*, wedyn, fyddai cefnen o dir ar gwr y fferm honno.

Mae *Cefntresaint* yr union fath o gyfuniad disgrifiadol a gewch chi'n gyffredin yn enw ar ffermydd a phentrefi yng Nghymru — fel Cefnllanfair yn ardal Pwllheli, Cefncoedycymer yn ymyl Merthyr, neu Gefnbrynbrain tua Rhydaman.

Ar lafar fe allai *cefn* droi'n *cen*, gyda'r *f* wedi colli. Digwyddodd hynny yn Cefntresaint. Rywdro ar ddiwedd y ddeunawfed ganrif aeth *Cefntresaint* yn *Centresaint*. Y cam nesaf oedd colli golwg yn llwyr ar ystyr rhan gyntaf yr enw. Cydiwyd y *t* wrth yr elfen gyntaf *Cen* i roi *Cent*, ac aeth canol yr enw'n ansicr. Mae *Cent-ar-Saint* a *Cent-y-Saint* yn digwydd yn y dogfennau tua 1780. Cam bach, wedyn, oedd gollwng ail ran yr enw ar lafar, ac yn y man anghofio amdano.

Cent erbyn hyn oedd yr enw ar lafar yr ardal. Dechreuodd rhywun sgrifennu hwnnw hefo *K* ar ei ddechrau. A dyna ni'r ffurf *Kent* sy'n edrych mor od yn yr ardal hon heddiw.

Lastra

Fferm yn ymyl Amlwch sydd bellach yn westy a lle bwyta ydi *Lastra*.

Soniwch am yr enw wrth bobol yr ardal ac maen nhw'n siŵr o ddweud wrthych mai talfyriad ydi *Lastra* o *galanastra*, gair sy'n golygu 'llofruddiaeth, lladdfa, distryw'. Yn syth wedyn mi gewch stori fawr am frwydr a ymladdwyd yng nghyffiniau Lastra rywdro mewn ryw hen oes. Mae'r cwbwl yn gyffrous ac yn waedlyd iawn — ac yn hollol ddi-sail. Ond sut, meddech chi, rydw i'n bwrw heibio'r stori am frwydr mor rhwydd? Pa sail sydd gen i dros wrthod y goel mai ffurf ar *galanastra* ydi *Lastra*?

Yr ateb, yn syml, ydi hen ffurfiau ar enw'r fferm. I gychwyn dyna'r argraffiad cynta o fap yr OS yn 1838. Ar hwnnw *Lastre*, gydag *e* ar y diwedd, ydi ffurf yr enw. *Lastre*, gydag *e*, sy'n digwydd hefyd mewn dogfen o'r flwyddyn 1520 neu 1521.

Gallwn gymryd mai *Lastre* ydi'r enw. Nawr, mae'n ffaith gyfarwydd fod y gair *tref* yn cael ei sgrifennu a'i ynganu'n aml yn *tre* — heb yr *f*. Er enghraifft, *cartre* a geir yn aml am *cartref*, a *hendre* am *hendref*. Bwriwch fod yr un peth wedi digwydd yn achos *Lastre*. Gallwn yn awr gynnig mai *Lastref* oedd yr enw yn llawn.

Beth am ei ddechrau? Mae'n weddol amlwg fod treiglad yma, fod *las* yn ffurf ar *glas* a'r *g* wedi meddalu o fod. Dyna ail-greu'r hen enw fel yr oedd yn *Y Lastref*. Ystyr *tref* erstalwm oedd tŷ, lle byw. Dyna'i ystyr yn *cartref, hendref* a *phentref*. Cyfeiriai *tref* hefyd at y tir o gwmpas y lle byw — hynny ydi, at y fferm gyfan yn ôl yr hen drefn.

Roedd tir y dref arbennig hon yn ymyl Amlwch yn *las*; roedd yn wyrdd a ffrwythlon, yn dir pori da. Fe'i galwyd *Y Las Dref* neu *Y Lastref*. Ar lafar collodd yr *f*. Ar lafar Sir Fôn hefyd fe drowyd yr *e* yn *a* yn ôl tuedd y dafodiaith. Aeth *Y Lastref* yn *Y Lastre* ac yn *Lastra*. Damwain, a dim arall, ydi bod yr enw hwn yn digwydd swnio rywbeth yn debyg i air *galanastra* yn golygu brwydr. Ond mae stori am frwydr yn fwy diddorol na'r esboniad a roddais i. Am hynny mae'n well gan bobol gadw at y stori, er mor ddi-sail ydi hi.

Lygos a Glyn Liws

Enw fferm y tu ucha i Glydach ydi *Lygos* — neu *Lycos* fel yr yngenir yr enw yn lleol, gan galedu *g* yn *c* fel y gwneir yng Nghwm Tawe.

Ar yr olwg gyntaf mae'n edrych yn rhyfedd. Ond gadewch inni gofio fod *-os* yn digwydd fel terfyniad lluosog ar ôl enwau coed i gyfeirio at fan lle mae llawer o'r coed hynny'n tyfu. *Gwernos*, er enghraifft, am fan lle mae digon o goed gwern bychain — 'alder trees' yn Saesneg — neu *bedwos* am lwyn neu gelli o goed *bedw* — 'birch trees' yn Saesneg. Rhoddodd y cyntaf *Y Wernos Deg* yn enw ar fferm yn ardal Beddgelert a'r *Wernos* yn enw pwll glo ger Rhydaman. Rhoddodd *bedwos* ei enw i *Bedwas* yn ymyl Caerffili. Ychwanegwch at y rheina y gair *grugos* am dir lle mae grug yn tyfu. Ffurf ar *grugos* sy'n enw *Y Rhigos* — *Y Ricos* ar lafar — ym Morgannwg.

Enghraifft arall o'r enwau planhigol hyn yn *-os* ydi *helygos* am fan lle mae tyfiant o goed helyg — 'willow'. Mae *helygos* yn air teirsill; mae'r acen neu'r pwyslais wedyn ar y sillaf ganol ac mae yna duedd i'w ynganu'n *lygos*. Dyna ni'r enw lle *Lygos*, felly — ffurf fer ar *Helygos*, am fan lle'r oedd coed helyg yn tyfu.

Fferm yn ardal Betws-yn-rhos yng Nghlwyd ydi *Glyn Liws*. Er mor od y mae'n ymddangos, mae modd esbonio hwn hefyd. Mewn arolwg a wnaed o diroedd yn yr hen Sir Ddinbych yn 1334, mae sôn amdano. Ond *Glyn Glewys* ydi'r enw yn y ddogfen honno.

Roedd *Glewys* neu *Glywys* yn enw personol yn y Gymraeg ers talwm. Tir rhyw bennaeth o'r enw Glywys oedd *Glywysing*, hen enw'r wlad rhwng Wysg a Thawe. Tir yn perthyn i rywun o'r enw *Glewys* oedd *Glyn Glewys*. Gydag amser collwyd golwg yn llwyr ar yr hen enw personol, a throdd yr enw lle yn *Glyn Liws* ar lafar. Ond ni allai neb esbonio'r enw hwn oni bai bod y ffurf Glyn Glewys ar gael inni mewn hen ddogfen.

Llandeilo Ferwallt: Bishopston

Pentre ar benrhyn Gŵyr ydi *Llandeilo Ferwallt* — neu *Bishopston* yn Saesneg. Mae olrhain enwau'r lle'n dweud cryn dipyn wrthym am hanes yr Eglwys yn yr ardal.

Llan Merwall neu *Llanferwall* oedd un enw ar yr eglwys yn y fan yma mewn cyfnod cynnar. Roedd yn ganolfan grefyddol bwysig. Cyfuniad oedd *Llanferwall* o *llan* a *Merwall*, enw rhyw arweinydd crefyddol oedd â chysylltiad agos â'r eglwys — abad neu brif offeiriad y llan, o bosib. Yn ddiweddarach magodd *t* ar ôl *ll* ar ddiwedd yr enw, dan ddylanwad anymwybodol y gair *allt* efallai. Daeth Llanferwall yn Llanferwallt.

Yn ystod y ddadl boeth rhwng Llandaf a Thyddewi ynghylch ffiniau'r ddwy esgobaeth, hawlid Llanferwallt gan Landaf. Nawddsant Llandaf oedd — ac ydi — Teilo. I ddangos mai i Landaf yr oedd Llanferwallt yn perthyn, ailgysegrwyd yr eglwys i Deilo a daethpwyd i'w galw yn *Llandeilo Ferwallt*. A dyna, yn Gymraeg, enw'r plwy a'r pentre o hyd.

Bishopston ydi'r enw yn Saesneg, cyfuniad o *bishop* a gair *ton* neu *tun* yn golygu fferm. Esgob Llandaf oedd piau'r tir eglwysig yn y plwy. 'Bishop's ton', fferm Esgob Llandaf, ydoedd.

Llanfair-ym-Muallt

Llanfair-ym-Muallt fydd cartre'r Eisteddfod Genedlaethol yn
1993. Mae'r enw'n un diddorol. Cyfeiria at yr eglwys a
gysegrwyd i'r Forwyn Fair, a'r eglwys honno yn hen gantref
Buallt neu *Buellt*.

Buellt, gydag *e*, oedd enw'r cantref. Dyna'r ffurf 'gywir',
ond aeth *Buellt* yn *Buallt* ar arfer ers tro byd bellach.
Ynganiad Seisnig gwael o *Buellt* ydi *Builth*.

A *Buellt* neu *Buallt*? Y *bu* yna ar ei ddechrau: mae hwnnw'r
un *bu* yn union ag ar ddechrau *buarth* a *bugail*. Hen air *bu* yn
golygu buwch neu eidion ydi o — hynny ydi, gair am un pen o
wartheg.

Buarth oedd y 'garth' neu'r lle wedi ei gau i mewn ar gyfer
godro gwartheg. A *bugail*? Enw oedd hwnnw am y sawl oedd
yn gwylio anifeiliaid. Yn ddiweddarach y neilltuwyd *bugail* yn
air am wyliwr defaid. Beth am *Buellt*? Cyfuniad ydi hwnnw o
bu a gair *gellt* yn golygu 'gwellt, porfa'. Ystyr *Buellt*, felly, ydi
'tir pori gwartheg'.

I'r de o Fuallt mae mynyddoedd *Epynt*, hen enw
'amaethyddol' arall. Mae'r *ep* ar ei ddechrau yn ffurf ar yr *eb*
sy'n *ebol*. Gair oedd o yn golygu ceffyl. Yn Gymraeg roedd
yna air *hynt* yn golygu 'ffordd, llwybr'. Hwn wedi ei gydio
wrth y gair *dwfr* roddodd inni *dyffrynt* — *dyffryn* bellach.
'Llwybr y dŵr, gwely afon' ydi ystyr *dyffryn*. Rhowch *hynt* ar
ôl *eb*. Mae'r *h* yn caledu'r *b* yn *p* i roi *Epynt*, 'llwybrau
ceffylau'.

Llwybr ceffylau oedd ystyr *Epynt* yn wreiddiol. Tir pori
gwartheg oedd ystyr *Buellt*. Mae'r ddau enw'n mynd â ni'n ôl i
stori amaethu yng Nghymru ymhell, bell yn ôl. Maen nhw
hefyd yn taro i'r dim i ardal ein Sioe Amaethyddol.

Llyn neu Bwll Gelod

Gele neu *gelau* ydi'r gair yn Gymraeg am greadur bychan sy'n byw mewn dŵr croyw ac sy'n sugno gwaed — 'leech' yn Saesneg. Roedd cryn ddefnyddio ar *gelod* yn feddygol erstalwm i sugno gwaed rhai'n dioddef o rai afiechydon. 'Leeches required during the night may be obtained by ringing the side bell', meddai hen hysbyseb gan siop cemist W.R. Wilkins yn Llanrwst. Clywais innau sôn am siop cemist ym Mhwllheli tua dechrau'r ganrif yn cadw stoc o gelod yn nofio mewn potel fawr ar y cownter. Gallech fynd yno a benthyca neu hurio gele am dâl i sugno gwaed rhyw glaf; yna mynd â'r gele'n ôl i'r siop.

Yn y wlad roedd yn aml bwll neu lyn lle byddech chi'n siŵr o fedru dal gele pan fyddai angen un arnoch i drin rhyw anhwylder. Dyna *Llyn y gele* — *Llyn Gela* ar lafar — yn ymyl Pontllyfni yn Arfon. Fferm a lle carafannau ydi Llynygele heddiw, ond roedd hi'n arfer erstalwm dal gelod mewn pwll oedd ar y tir. Roedd *Llyn gelod* rhwng Bryncroes ac Aberdaron yn Llŷn. Ac yn yr atebion i holiadur yr ysgolhaig Edward Lhuyd tua 1700 ynghylch hynodion plwyfi Cymru mae sôn am *Llyn y Gelen* yn ardal Llangynllo, heb fod ymhell o Landrindod.

Mae *Pwllygele* yn Llanfachreth ger Dolgellau. Roedd *Pwllygelod* yn ardal Bryngwyn, i'r gogledd o Gastellnewydd Emlyn, ac yn Llandeilo Tal-y-bont yn ymyl Pontarddulais, a *Phwllygeloden* yn Llanfyrnach yn ymyl Aberhonddu.

'Glynu fel gele' meddem ni ar lafar am rywbeth sy'n dal ei afael yn dynn. Mae *gele* yn ddiymollwng pan mae'n sugno gwaed.

Gyda llaw, gair arall yn golygu llafn cleddyf neu waywffon ydi'r *gelau* neu'r *gele* yn enw Afon Gele sy'n llifo i'r môr yn Abergele yng Nghlwyd.

Maesglase

Fferm ynghanol mynyddoedd yn ardal Dinas Mawddwy ydi *Maesglase*. Yno, ddwy ganrif a hanner yn ôl, yr oedd cartre Hugh Jones (1749-1825), awdur yr emyn 'O tyn yn gorchudd yn y mynydd hyn'.

Maesglase oedd yr enw yn oes Hugh Jones. Ond o droi at ddogfennau hŷn lawer na'i gyfnod ef — dogfennau o tua 1425, er enghraifft, fe welir mai *Maesglasfre* oedd yr enw i ddechrau.

Mae *Maesglasfre* yn gyfuniad o dair elfen neu dri gair, sef *maes* a *glas* a *bre* yn golygu 'bryn'. *Maes*, hynny ydi 'tir agored' yn ymyl bryn glas oedd ystyr yr enw ar y cychwyn.

Ar lafar collodd yr *f* yn *Maesglasfre* i roi *Masglasre*. Yna wedyn collwyd yr *r*. Yn achos yr enw hwn mae modd olrhain y newid mewn dogfennau.

Nid yr esboniad hwn ydi'r un gewch chi yn lleol, mae'n wir, ond yn hytrach stori dipyn mwy lliwgar. Yn yr iaith lenyddol mae'n arfer yn Gymraeg ychwanegu *au* yn derfyniad lluosog ar ddiwedd gair. Yn ardal Dinas Mawddwy mae'r *au* yna ar lafar yn mynd yn *e*. Dyna, meddai'r esboniad lleol, sydd wedi digwydd yn *Maesglase*. Ffurf lafar ydi honno ar *Maesglasau* — hynny ydi, *maes* a *clasau*, a *clasau* yn lluosog *clas*, y gair gynt am deulu o fynachod. Mater bach oedd hi wedyn i lunio stori am fynachod yn y fangre unig hon, ganrifoedd lawer yn ôl ac ymhell cyn dyddiau Hugh Jones, yr emynydd. Mae'n stori ddeniadol. Ond yn anffodus mae tystiolaeth dogfennau yn dangos ei bod yn gwbwl ddi-sail — fel cynifer o straeon lleol da i esbonio enwau lleoedd.

Gyda llaw, y gair *bre* yna yn golygu 'bryn' ar ddiwedd *Maesglasfre* ydi'r ail elfen yn enw *Moelfre* ym Môn ac yn *Pen-bre* yn ymyl Llanelli. Bryncyn moel roddodd ei enw i *Moelfre*, a ffordd arall o ddisgrifio Pen-y-bryn oedd *Pen-bre*.

Nant Ffrancon

Nant Ffrancon ydi enw'r dyffryn yn Eryri sy'n ymestyn i fyny o Fethesda at y bwlch rhwng Tryfan a Phen yr Ole Wen ym mhen Llyn Ogwen. Yn ôl Syr Ifor Williams, yn ei glasur bychan o lyfr ar *Enwau Lleoedd*, hen, hen air *Ffranc* yn golygu milwr cyflogedig — hynny ydi, 'mercenary' — sydd yma.

Ffranc, wrth gwrs, oedd yr enw ar y bobol Germanaidd rheini a goncrodd dir Gâl tua'r flwyddyn 500, a rhoi ei henw i wlad *Ffrainc* — ac i *Ffrancod*.

Roedd rhai o'r Ffrancod Germanaidd hyn, meddai Syr Ifor, yn arfer dod drosodd i ymladd am dâl yng Nghymru yn ystod y canrifoedd cyn y Normaniaid, fwy na mil o flynyddoedd yn ôl. *Ffranc* oedd yr enw am un o'r milwyr estron hyn. *Ffrancon* oedd mwy nag un ohonyn nhw — hefo'r un terfyniad lluosog — *on* ag sydd yn *Saeson, lladron*, etc. Mae Syr Ifor wedyn yn dyfalu fod criw o'r milwyr cyflogedig hyn, criw o *Ffrancon*, wedi cael eu cyflogi gan ryw bennaeth yng Ngwynedd a'u plannu yn *Nant Ffrancon*.

Mae'n esboniad clyfar a thebygol. Ond yn ddiweddar, mewn cylchgrawn o'r enw *Notes and Queries*, mae ysgolhaig o Brifysgol Navarre yn Sbaen o'r enw Andrew Breeze wedi cynnig esboniad arall. Roedd gair *franca* mewn Hen Saesneg yn golygu gwaywffon. Yn ôl Andrew Breeze benthycwyd y gair hwn i'r Gymraeg yn air am waywffon — yn union fel y benthycwyd y gair *tarian* o Hen Saesneg. Ystyr *Nant Ffrancon*, yn ôl yr esboniad yma, ydi dyffryn y gwaywffyn, ac nid dyffryn lle gosodwyd milwyr o Ffrancod.

O blaid yr esboniad hwn mae Breeze yn cyfeirio at linell mewn hen gerdd Gymraeg o tua'r flwyddyn 900. Yn honno mae arglwydd o Gymro yn eistedd o flaen callor neu grochan ac yn bwrw'i ofid. Mae wedi colli ei fyddin ac yn eistedd yno yn unig a digalon. 'Mi a'm ffranc o amgylch ein callor' meddai'r gerdd. I Syr Ifor darlun sy'n y gerdd o bennaeth o Gymro heb neb ar ôl yn gwmni ond milwr estron o Ffranc. Na, meddai Breeze. Arglwydd o Gymro sydd yma heb neb o gwbwl, dim ond ei waywffon — ei *ffranc* — yn gwmni iddo. Mae'n ddarlun sobor o debyg i hwnnw o Lywarch Hen, yn henwr isel ei ysbryd yn eistedd â'i bwys ar ei ffon, neu ei 'faglen bren', mewn cerdd Gymraeg arall gynnar.

Nhadog

Uwchben Dolwyddelan, draw ar y dde wrth ichi ddringo am Flaenau Ffestiniog, mae *Cwm Nhadog* a fferm *Nhadog*. Ie, *Nhadog* fel yna, ydi'r enw ar y map ac ar lafar. Mae'n enw digon rhyfedd wrth ei olwg.

Trowch yn ôl i stent neu arolwg o diroedd Gwynedd a wnaed chwe chan mlynedd yn ôl. Yn honno fe gewch chi gyfeirio at dir yn dwyn yr enw *Danadogyth*.

Danadogyth yn yr hen ddogfen; *Danadogydd* yn ôl ein ffordd ni o sillafu heddiw. Hwn ydi'r allwedd i esbonio *Nhadog*.

O'r gair *brwyn* fe gewch chi *Brwynog* yn enw ar dir lle'r oedd llawer o frwyn yn tyfu. Yn yr un ffordd fe gewch chi *Eithinog* yn enw ar dir llawn eithin a *Celynnog*, neu *Clynnog*, am fan lle'r oedd llawer o goed celyn. Mae yna batrwm o enwau lleoedd lle mae'r terfyniad *og* wedi ei ychwanegu at enw planhigion i ddisgrifio man lle mae amlder o'r rheini.

Gan gofio hynny, meddyliwch am y gair *danad(l)* neu *dynad* — enw'r planhigyn hwnnw sy'n pigo'r croen dim ond ichi gyffwrdd ynddo. Ychwanegwch *og* at *danad* neu *dynad* a dyna ichi *Danhadog* neu *Dynhadog* yn enw ar dir go ddi-raen lle'r oedd llawer o ddanad poethion. Mwy nag un *Danhadog* fyddai *Danadogydd*, yr enw yn yr hen ddogfen. Ar lafar talfyrwyd *Danhadog* neu *Dynhadog* yn hollol naturiol yn *Nhadog* — enw'r fferm uwchben Dolwyddelan.

Enw arall tebyg ei ffurfiant ydi *Banhadlog* enw ar fan lle'r oedd unwaith bentwr o lwyni banadl. Mae yna *Fanhadlog* yn ardal Edern yn Llŷn.

Palleg

Ofer ydi troi i eiriadur a chwilio am *palleg*. Fu'r gair hwnnw
erioed yn rhan o eirfa'r Gymraeg. Ond mae yna hen air *balleg*
(hefo *b*), gair yn golygu cawell gwiail i ddal pysgod.

Mae'r gair yn digwydd mewn cywydd cellwair a luniodd
Guto'r Glyn ryw bum can mlynedd neu ragor yn ôl. Roedd
bardd arall o'r enw Llywelyn ap Gutyn wedi canu marwnad
ffug i Guto gan honni ei fod wedi boddi yn y môr wrth geisio
croesi Malltraeth ym Môn. Dim o'r fath beth, meddai Guto'r
Glyn yn ei gywydd ateb. Llywelyn ap Gutyn a ddychmygodd y
cwbwl yn ei ddiod. Breuddwydiodd:

> Bod moelrhon i'm dwyfron deg,
> Neu f'ellyll yn y falleg.

Breuddwydiodd fod 'ellyll' Guto — hynny ydi, ei ysbryd —
mewn balleg neu gawell yn y môr.

Yn y Beibl eto, yn llyfr Habacuc 1.15-16, mae sôn am ddal
pysgod mewn *ballegrwyd* — mewn rhwyd ar ffurf *balleg*. Sôn
am *trawls* sydd yn y Beibl Saesneg Newydd ac am *llusgrwyd*
yn y Beibl Cymraeg Newydd.

Y gair *balleg* yma sy'n *Palleg* yn Ystradgynlais ac yn yr enw
lle *Palleg* ym mhlwy Llanfrynach yn ymyl Aberhonddu. Yn y
ddau le roedd yna, efallai, winllan o goed helyg lle ceid gwiail
at wneud *ballegau* neu gewyll. Neu, ynteu, yn y ddau le roedd
yna fath o ffens ar ffurf *balleg* yn yr afon i ddal pysgod —
hynny ydi, roedd yno gored fechan oedd yn cael ei galw'n
balleg. Yr ail esboniad hwn ydi'r un mwya tebygol.

Gair arall yn Gymraeg am gawell i ddal pysgod oedd *cryw*,
rhywbeth tebyg iawn i *balleg*. Dyna'r gair a roddodd i dre
Crewe yn Lloegr ei henw. Fel *Crw* y bydd enw *Crewe* yn cael ei
ynganu yn Saesneg. *Criw* a ddywedwn ni yn Gymraeg, gan
gadw cof am yr hen air Cymraeg *cryw* sy'n sail i'r enw. Yn
Crewe mewn hen, hen oes, pan oedd pobol Gymraeg eu hiaith

yn byw yn yr ardal honno, roedd yna gored ar ffurf basged yn yr afon; roedd *cryw* yno. Mae'n un gair *cryw* yn enw *Rhyd-cryw* ym mhlwy Llanegryn ym Meirionnydd ac yn y *Pont-y-crywia* yn Arfon.

Penchwintan

Enw ar ran o Fangor ydi *Penchwintan*, — y rhan honno wrth
ichi ddringo'r allt am Benrhosgarnedd ac Ysbyty Gwynedd.
Yn ardal Abergeirw ym Meirionnydd, rhwng Llanfachreth a
Thrawsfynydd, fe gewch chi *Adwychwintan* a *Brynchwintan*,
ac yn Llandecwyn yn Ardudwy mae rhiw o'r enw
Talarchwintan.

Mae'r gair *chwintan* yn un diddorol. Benthyg ydi o yn y pen
draw o hen air Ffrangeg *quintaine* — hwnnw roddodd *quintain*
yn Saesneg. Gair oedd o am bostyn a osodid ar ei ben yn y
ddaear. Mewn hen oes roedd hi'n arfer gan farchogion a gwŷr
traed ruthro tuag ato ac ymosod arno gyda gwaywffon neu
bolyn. Weithiau fe grogid sach a'i llond o dywod ar fraich ar y
chwintan, a'r gamp wedyn oedd ymosod ar y targed hwnnw
gyda ffon neu waywffon. Rhyw fath o ymarfer milwrol oedd y
cyfan.

Ymhell ar ôl dyddiau marchogion arfog, fe barhaodd
ymosod ar chwintan yn chwarae poblogaidd ymhlith gwerin
gwlad — yn enwedig yn rhan o rialtwch dathlu priodas. Yr
arfer oedd i'r priodfab a'i ffrindiau ymosod ar y polyn
chwintan gyda ffyn. Y sawl a dorrai fwya o ffyn ar y chwintan
oedd pencampwr y chwarae. Roedd y math yma o chwarae yn
fyw yn sir Amwythig yn y ddeunawfed ganrif. Mae William
Owen Pughe yn ei eiriadur yn 1793 yntau yn disgrifio'r arfer.
Cof am ryw hen chwarae gwlad fel hyn sydd yn enw
Penchwintan ym Mangor, *Brynchwintan* Abergeirw, a
Thalarchwintan Llandecwyn.

Yn Nyfed *cwinten* ydi'r ffurf ar y gair. Yno fe barhaodd
cwinten yn air byw am yr arfer o osod rhaff ar draws y ffordd i
rwystro cerbyd pâr newydd briodi a mynnu tâl neu *ffwtin* am
adael iddyn nhw basio.

Plas

Benthyg o'r Saesneg *place* — hen, hen fenthyg ydi'r gair — *plas*, ein gair ni am dŷ go fawr a chrand. Ond, meddech chi, 'lle, man' ydi ystyr *plas* hefyd pan fenthycwyd ef i'r Gymraeg gyntaf. Mae cyfieithydd un o chwedlau Siarlymaen yn yr Oesoedd Canol yn sôn am fyddin y Cristnogion 'ym mhlas y frwydr', hynny ydi, ar faes y gad.

Ond daeth *place* yn Saesneg i olygu 'tŷ' neu 'dŷ crefydd' ac yn nes ymlaen 'y prif dŷ ar stâd'. Ac fe drosglwyddwyd yr ail ystyron hyn i'r gair *plas* yn Gymraeg. Ar ddechrau ei gywydd i Ddafydd ap Gwilym mae'r bardd Gruffudd Gryg yn sôn am

     Yr ywen i oreuwas

     Ger mur Ystrad Fflur a'i phlas.

Tŷ'r myneich ydi ystyr plas yn y cwpled hwn.

Rywdro tua 1400 dechreuwyd defnyddio *plas* i gyfeirio at dai bonedd, ac o dipyn i beth daeth Plas Hwn-a-hwn yn enwau ar dai mawr yng Nghymru — ar ororau Gogledd Cymru i ddechrau, efallai, ac yna'n ddiweddarach yn fwy cyffredinol. Dyna sut y cafwyd enwau fel Plas Iolyn ger Pentrefoelas a Phlasnewydd ym Môn.

Yn ddiweddarach eto, wrth i'r gair *plas* gael ei arfer yn amlach yn Gymraeg, daeth yn llai pendefigaidd ei flas — yn air am dŷ fferm gweddol braf yn hytrach na phlasty. Mi wyddoch i gyd am ffermydd o'r enw Plas na fuon nhw erioed yn dai bonedd.

Beth am dŷ brenin? Trowch at y Beibl, yr hen gyfieithiad. Sôn am '*balasau* brenhinoedd' sydd yn Luc 7.25. I William Morgan yn 1588 doedd *plas* ddim yn ddigon crand i frenhinoedd. Dewisodd ef y gair *palas* — gair tipyn mwy mawreddog ei gysylltiadau. Ei gychwyn ydi enw bryn Paladium yn Rhufain lle'r oedd tŷ Awgwstws.

Pont-iets

Pentref i'r gogledd o Lanelli ydi Pont-iets. O edrych ar yr enw Pont-iets, wedi ei sgrifennu fel yna, fe ellid yn hawdd ddechrau meddwl am y gair *iet* a glywir mewn rhannau o Ddyfed am giât, llidiart. Ond camgymeriad fyddai dilyn y trywydd hwnnw.

Pont-Yates welwch chi'n aml ar fapiau ac mae'r ffurf honno'n nes ati o dipyn o ran esbonio'r enw. *Pont* a'r cyfenw Saesneg *Yates* sydd yma. Mae'r enw *Pont Yates* yn digwydd ar fap Emanuel Bowen o dde Cymru 1760 — y cyfeiriad cynharaf, hyd y gwn i, at yr enw. Ond yn gynharach na hynny, yn 1739, mae yna gyfeiriad at dŷ o'r enw *Tŷ iets* yn yr ardal. Mr Dilwyn Roberts o Bont-iets a soniodd am hyn wrthyf; roedd ef wedi gweld cyfeirio at y tŷ mewn hen ddogfen. Roedd Mr Roberts wedi sylwi hefyd fod gŵr o'r enw Walter Yates yn byw ym mhlwy Llangyndeyrn yn y cyfnod 1642-1666. Mae'r cyfan yn enghraifft ardderchog o werth gwybodaeth fanwl am hanes lleol i egluro enwau lleoedd.

Diolch i chwilota Mr Dilwyn Roberts gallwn yn awr olrhain enw *Pont-iets* yn weddol sicr. Dri chant a hanner o flynyddoedd yn ôl daeth gŵr dieithr o'r enw *Yates* i fyw i'r ardal. Galwyd tŷ a gysylltid yn arbennig ag ef, neu â'i deulu, yn *Tŷ Yates* — *Tŷ-iets* ar lafar. Codwyd pont yn ymyl. Enwyd y bont yn *Bont Tŷ iets* a symleiddiwyd yr enw hwnnw yn *Bont-iets*.

Gyda llaw, mae cydio enw neu gyfenw personol wrth y gair *pont* yn arfer digon cyffredin. Dyna *Pontantwn* (o *pont* a ffurf Gymraeg ar *Antony*), *Pont-henri* a *Phontabram* yn yr un ardal, *Pont-siân* yn ymyl Llandysul, *Pontrobert* ym mro Ann Griffiths ym Maldwyn, ac amryw byd eraill.

Pontllan-fraith

'Pun sy'n iawn — Pontllan-fraith ynteu Pontllan-ffraith?' holodd hen gydnabod. Roedd ef, meddai, wedi clywed y ddwy ffurf — Pontllan-fraith hefo sain *f* (neu *v*) ar ddechrau'r elfen ola, a Pontllan-ffraith hefo sain *ff*. Roedd yn hawdd ateb ei gwestiwn. *Pontllan-fraith*, hefo *f*, ydi enw'r pentre yn nyffryn Sirhywi yng Ngwent. Ond beth, tybed, ydi ystyr yr enw?

Llan-fraith sy'n anodd, unwaith y dechreuwch chi feddwl amdano. Y demtasiwn ydi cymryd mai'r elfen *llan* 'eglwys' sydd yma ac yna ddechrau meddwl am sant o'r enw Braith. Ond trywydd seithug ac ofer ydi'r trywydd hwnnw.

Wrth geisio esbonio enw lle mae hi'n bwysig bob amser holi am hen ffurfiau ar yr enw rhag ofn ei fod wedi newid dros y canrifoedd. Mae hynny'n wir iawn yn achos *Pontllan-fraith*. Mae hwn yn enw sydd wedi newid. *Pontllyn-fraith* ydi'r enw welwch chi mewn dogfennau o 1492 ymlaen tan y ddeunawfed ganrif. *Llyn*, ac nid *llan*, ydi'r gair neu'r elfen yng nghanol yr enw.

Llyn-fraith, felly. Heddiw enw gwrywaidd ydi *llyn* i'r rhan fwya ohonom. Sôn am *ddau lyn* y byddwn. Ond *dwy lyn* sydd yn y Mabinogi. Roedd y Gwyddelod yn chwedl Branwen yn gweld dau lygad y cawr Bendigeidfran fel *dwy lyn* ar ochr mynydd wrth iddo nesáu at dir Iwerddon. Parhaodd *llyn* yn air benywaidd yn y De. *Llyn-fraith* oedd enw'r llyn yn nyffryn Sirhywi lle codwyd pont yn yr Oesoedd Canol — *llyn* a *braith* yn ffurf fenywaidd yr ansoddair *brith*. Pam *braith* neu *brith*? Am fod y dŵr yn llwyd ei liw, o bosib.

Pen-y-bont Llyn-fraith oedd enw tŷ yn y fan yma. Yn nes ymlaen daeth *Pontllyn-fraith* yn enw pentref. Yn ddiweddarach eto newidiodd yr enw hwnnw ar lafar yn *Pontllan-fraith* a chollwyd golwg yn llwyr ar y *llyn* yn ei ganol.

Pumlumon

Pumlumon ydi enw clwstwr o fynyddoedd yng nghanol Cymru, i'r gogledd o Eisteddfa Gurig ar ffordd yr A44 o Aberystwyth i Langurig. *Pumlumon* ydi ffurf gywir yr enw, er bod y ffurfiau *Plumlumon* a *Plynlimon*, i'w gweld ar fapiau. Y rhifolyn *pum* neu *pump* sydd yn rhan gynta'r enw. Ond beth am yr ail elfen?

Mae yna air *lluman*, gydag *a*, yn Gymraeg yn golygu fflag neu faner, ond go brin mai hwnnw sydd yma. Yn hytrach mae enw *Pumlumon* yn cynnwys hen air arall, *llumon* gydag *o* — gair na ddefnyddiwyd mono'n rhan o'r iaith fyw ers canrifoedd lawer.

Mae'r gair *llumon* yn digwydd mewn cerdd a luniwyd sbel dros fil o flynyddoedd yn ôl. Yn honno sonnir am ryfelwr o'r enw Pyll Wyn. Roedd hwnnw'n un ffyrnig. 'Pyll Wyn, pwyll tân trwy lumon' meddai'r bardd amdano. Syr Ifor Williams, gyda'i ddawn ryfeddol i esbonio hen eiriau, a eglurodd y llinell. Ystyr *llumon* meddai ef oedd corn simnai. Roedd Pyll Wyn yr un bwyll neu natur â thân trwy simnai. Roedd yn un tanbaid mewn brwydr.

Simnai oedd ystyr *llumon*, meddai Syr Ifor. Gallai hefyd olygu corn simnai ac yna, fel trosiad, mynydd tebyg ei shiâp i gorn simnai. Ychwanegodd Syr Ifor iddo glywed y gellid gweld pum copa — hynny ydi, pum corn neu bum *llumon* — yn y rhes o fynyddoedd sy'n cael ei galw'n *Bumlumon*. Mae'n esboniad medrus, tebygol — dim ond ichi dderbyn fod yna gyrn ar simneiau yn y cyfnod pell, pell yn ôl pan alwyd y mynyddoedd hyn yn Bumlumon.

Mae esboniad arall posib. Fe allai *llumon* olygu twll lludw. Hynny ydi, fe allai fod yn air am le tân neu aelwyd. O ddilyn y trywydd hwn fe ellid cynnig fod *Pumlumon* yn cyfeirio at bum lle tân neu bump aelwyd oedd, yn ôl hen syniadau cynnar, yn cynrychioli canol Cymru. Mae ysgrif ddysgedig yn cynnig hyn gan yr Athro Eric Hamp o Brifysgol Chicago yn rhifyn 1974 o gylchgrawn yr Academi Wyddelig, *Eriu*.

Pumlumon, naill ai canol Cymru (lle'r oedd *pum llumon* neu aelwyd), neu ynteu y pum corn neu bigyn. Dyna ichi ddau ddewis i esbonio'r enw.

Pwynt Leinws

Enw'r trwyn o dir sy'n ymestyn allan i'r môr ym mhen draw
Ynys Môn, yn ymyl Amlwch, ydi *Point Lynas*. Ond
edrychwch ar fap Humphrey Llwyd 1573 — y map cyntaf o
Gymru, a map a argraffwyd yn Antwerp. Ar hwnnw mae dau
enw ar y penrhyn — *Trwyn y baloc* yn Gymraeg yn uchaf a
Hyllary Point yn Saesneg oddi tano.

Ym mhlwy Llaneilian y mae'r penrhyn. Eilian ydi enw'r
sant a gofféir yno. Ond am ryw reswm roedd yna syniad ar un
adeg mai'r un un oedd Eilian â'r sant enwog Hilary o Poitiers.
Dyna pam y galwodd Humphrey Llwyd y lle yn Hilary Point
yn Saesneg. Ac fe'i dilynwyd ef gan Saxton ac amryw o fapwyr
eraill. Yn ddiweddarach daethpwyd i amau ai Hilary oedd
Eilian. Bathwyd ffurf Ladin newydd ar enw Eilian, sef
Aelianus. Ar fap Lewis Morris yn 1748 *Aelianus Point* sy'n
digwydd. Roedd llongwyr o Saeson yn cael *Aelianus Point* yn
dipyn o lond ceg i'w ynganu. Yn eu sgwrsio hwy fe'i
cywasgwyd a'i ystumio yn *Linas* neu *Lynas*.

Beth am yr hen enw Cymraeg *Trwyn y Balog*? Me rhan o
hwnnw'n aros hyd heddiw yn enw ffarm y Balog ym môn y
penrhyn. Er mwyn ei esbonio mae gofyn nodi mai tir yn
perthyn i eglwys Llaneilian oedd y rhan yma o Fôn yn yr
Oesoedd Canol. Mae gofyn cofio hefyd fod yna abad yn
bennaeth ar y sefydliad eglwysig yn Llaneilian. Yn Gymraeg
roedd gair *balog* yn golygu offeiriad, neu'n fwy manwl
offeiriad â chanddo hawl i gario bagl swyddogol abad. Yr enw
ar dir yr offeiriad neu'r balog hwn oedd Penrhyn y Balog. A
blaen y penrhyn hwnnw, yn naturiol, oedd Trwyn y Balog.
Enw'r tir agosaf ato, gyda llaw, ydi Rhosmanach, hynny ydi
rhos y mynach.

Y Rhws

Y Rhws ydi enw maes awyr Caerdydd, ychydig i'r gorllewin o'r Barri.

Y gair cyffredin *rhos* sydd yma yn y cychwyn, yr un *rhos* ag yn *rhostir*, sef darn o dir agored, prin ei dyfiant, lle bydd grug yn aml yn tyfu. *Rhos* ym mhlwy Pen-march ydi'r enw mewn dogfen o 1533-8 yn y 'Public Records Office' yn Llundain sy'n ymwneud â thir yn yr ardal.

Mae *rhos* yn air sy'n digwydd yn aml mewn enwau lleoedd — er enghraifft, yn Rhosgadfan a Rhostryfan yn Arfon, yn Rhoshirwaun yn ymyl Aberdaron, ac yn Rhosllannerchrugog.

Ar lafar yn Saesneg gallai'r *o* hir yn *Rhos* droi'n -*oo*-, hynny ydi yn sain debyg i *w* Gymraeg. Digwyddodd hynny ganrifoedd yn ôl yn achos y rhos sy'n ymyl Y Barri. Aeth yn *Roose* yn Saesneg — *Rhoose* heddiw. Digwyddodd yr un peth yn achos *Roosecote* yn ymyl Barrow-in-Furness yn sir Gaerhirfryn. *Rhos* mewn Cymraeg Cynnar wedi mynd yn *Roose* ydi hwnnw yn wreiddiol hefyd.

Ym Morgannwg ailgymreigiwyd *Roose* unwaith eto. Daeth yn *Rws* ac yna'n *Rhws* — *Y Rhws* heddiw.

Yn ogystal â golygu rhostir agored, gall y gair *rhos* mewn enwau lleoedd olygu penrhyn hefyd weithiau, neu'n fwy manwl ucheldir sy'n ymwthio i'r môr. Dyna ydi o yn *Rhosili* yng Ngŵyr — yn wreiddiol Rhos Sulien, sef penrhyn o dir a gysylltid â gŵr o'r enw Sulien.

Sblot

Enw ar ran o ddinas Caerdydd ydi *Sblot*. Mae Siôn Eirian yn *Bob yn y Ddinas* wedi sôn am yr ardal, am y 'werin ddiaddysg, ddiddiwylliant, ddiamddiffyn' sy'n byw yno, ac wedi dyfalu petai Daniel Owen yn byw yn *Sblot* heddiw, am be ac am bwy y basa fo yn sgrifennu.

Splott, hefo *p* a dwy *t*, sy'n llyfr Siôn Eirian. Dyna ydi'r enw yn wreiddiol. Cymreigiad ydi *Sblot* — fel sgrifennu Wrecsam am Wrexham.

Aros hefo'r ffurf *Splott* sydd raid er mwyn esbonio'r enw. Roedd yna air *splott* mewn Hen Saesneg yn golygu darn bychan o dir. Chewch chi mo'r gair mewn geiriadur Saesneg heddiw. Mae wedi hen beidio â bod yn rhan fyw o Saesneg safonol ers canrifoedd. Ond fe arhosodd *splott* yn air byw yn Saesneg llafar de-orllewin Lloegr am glwt o dir. Mae enghreifftiau ohono'n digwydd yn enw ar gaeau bychain yn Wiltshire ac yn Nyfnaint erstalwm.

Mae'r Athro Gwynedd O. Pierce hefyd, yn ei lyfr am enwau lleoedd ardal Dinas Powys, wedi sylwi fod *The Splottes* yn enw ar gaeau ym mhlwy Penmarch yn 1622 ac ym mhlwy Gwenfô ar ddechrau'r ganrif ddiwetha.

Mae *Splott* Caerdydd yn mynd yn ôl chwe chan mlynedd, o leia. Yr adeg honno enw ar ddarn bychan o dir oedd o — enw digon tebyg i *clwt* a *dryll* yn Gymraeg.

Serior

Enw od ar fferm ydi *Sherry*. Ond dyna'r enw gewch chi ar fferm yn Llandrygarn yng nghanol Sir Fôn, ar y lôn gefn am Lannerch-y-medd o'r Gwyndy. *Sherry*, fel yna — yr un fath ag enw gwin Jerez o Sbaen! — ydi'r ffurf sydd ar fap manwl yr OS o'r ardal. Ond edrychwch ar fap cynharaf yr OS — map o 1838 — a *Seri-fach* sydd ar hwnnw.

Seri ydi'r enw. Ond beth ydi ystyr *seri*? Mae yna air *seri* yn digwydd yn y farddoniaeth Gymraeg gynnar, ac mewn rhai hen eirfâu esboniwyd hwnnw fel gair am farch neu geffyl. Dyna pam y cynigiodd T. Gwynn Jones mai 'lle'r meirch' oedd ystyr *Serior* (neu *Srior*) fel enw fferm yn ardal ei fagu ef tua Betws-yn-Rhos. Ond dangosodd Syr Ifor Williams mai gair am le wedi ei balmantu â cherrig oedd *seri*. A hen ffurf luosog *seri* oedd *serïor*.

Dyna'r *seri* yn *Seri* (neu *Sherry*) ac yn *Nantyseri* ger Aberhonddu. A dyna'r *seri*, yn ei ffurf luosog *serïor*, yn *Serior* neu *Sirior* yn ardal Betws-yn-Rhos, Abergele, ac yn enw fferm *Serior* neu *Syrior* yn Llandrillo ym Meirionnydd.

Amrywiadau sillafu neu ynganu ar *Serior* ydi *Sirïor*, *Syrïor* a *Srïor*. Disgrifio rhyw fath o gerrig sarn yr oedd pob un o'r enwau ffermydd hyn yn y cychwyn.

Sling

Holwch John Ogwen, yr actor, un o ble ydi o yn ei gychwyn. Yr ateb fydd *Tregarth* — enw pentre yn ymyl Bethesda — ond yna'n syth fe fydd yn ychwanegu, '*Sling*, Tregarth, yntê'.

Rhan o Dregarth ydi *Sling*, neu'n fwy manwl y rhan rhwng Tregarth a Mynydd Llandygái. Ond pam *Sling* yn enw ar ran o bentre fel hyn?

Y peth cynta i'w ddweud ydi nad dyma'r unig *Sling* yn y Gogledd. Mae tŷ o'r enw Sling rhwng Biwmares a Llanddona. Roedd tai neu dyddynnod o'r enw Sling yn Llangristiolus ac yn Llanddaniel, eto ym Môn. A'r wythnos dwytha dangoswyd i mi fap o diroedd hen Dŷ'r Brodyr neu'r fynachlog yn Llanfaes ger Biwmares — y fan lle claddwyd Siwan. Ar y map roedd stribyn main o dir gydag ochr y lôn, rhwng y ffordd fawr a thir y fynachlog. *Sling* oedd enw'r llain hwnnw.

Dyna ydi ystyr *sling* — llain neu stribyn hirgul o dir, yn amlach na pheidio ar ymyl terfyn neu ffordd.

Gair Saesneg ydi *sling* yn ei darddiad. Mae'n digwydd yn enw ar gaeau bychain yn Sir Gaer ac ar hyd y gororau. Fe'i benthycwyd i'r Gymraeg a dod yn air am rimyn o dir ar ymyl lôn yn y Gogledd. A dyna'n wreiddiol oedd *Sling*, Tregarth — llain main o dir.

Mae amrywiad ar *sling* i'ẇ gael yn Saesneg, sef *slang*. Benthycwyd hwnnw i'r Gymraeg hefyd, ei fenthyg i iaith lafar Dyfed. Mae John Evans yn y llyfr a sgrifennodd am ei daith trwy Dde Cymru yn 1803 yn sôn am ddarn o dir yn Abergwaun wedi ei rannu'n lleiniau main neu *slangs*. Ac mae Slang yn digwydd yn Nyfed o hyd yn enwau ar gaeau a thyddynnod.

Tirion Pelyn

Ym mhlwy Llanllyfni yn Arfon mae tyddyn o'r enw *Tirion Pelyn*. Yn ei ymyl mae tyddynnod eraill o'r enw *Pen Pelyn* a *Llidiart Pelyn*.

Enw dyn ydi *Pelyn*, enw y mae digon o dystiolaeth amdano yng Nghymru bedwar can mlynedd a rhagor yn ôl. Yn nghofrestri plwy Conwy tua 1619, er enghraifft, mae sôn am William Pelyn a Dafydd ap Pelyn. Mae'r enw'n digwydd hefyd mewn hen achau yn y ffurf *Pelyn* a *Belyn*. Gŵr o'r enw Belyn o Lŷn oedd un o arweinwyr y Cymry yn y Gogledd — Gogledd Cymru — yn eu brwydrau yn erbyn y Saeson yn y seithfed ganrif.

Beth am *Tirion Pelyn*? Heddiw ansoddair yn golygu 'mwyn, caredig' ydi *tirion*. Ond ganrifoedd yn ôl roedd yna air *tirion* arall yn ffurf luosog ar y gair *tir*. Mewn hen gerdd Gymraeg fe gewch chi'r disgrifiad hyfryd yma:

> Man y mae meillion
> A gwlith ar dirion.

Mewn cerdd arall, sydd dros fil o flynyddoedd oed, mae rhyw frudiwr o fardd yn trïo codi calon ei gyd-Gymry trwy broffwydo y daw dydd pan ddileir 'Saeson o dirion Prydain'.

Enw syml ar dir yn perthyn i rywun o'r enw Pelyn oedd *Tirion Pelyn*. Fe godwyd tyddynnod Llidiart Pelyn a Pen Pelyn ar gyrion y tir hwnnw. Mae'r gair *tirion* yn golygu 'tir' yn digwydd hefyd yn enwau *Tirion-bach* a *Tirion-mawr* yn ardal Ceulan a Maes-mawr yng ngogledd Ceredigion.

Ton-Du

Pentre ym Morgannwg rhwng Pen-y-bont a Maes-teg ydi *Ton-du*.

Ton, gydag *o* fer, ydi'r gair yn Gymraeg am ymchwydd o ddŵr ar wyneb y môr neu ar lyn. Ond gair benywaidd ydi *ton* yn yr ystyr yma; sôn am *ddwy don* neu am *don fawr* wnawn ni.

Mae gair *ton* arall, yntau gydag *o* fer, yn golygu croen ar wyneb tir. Enw gwrywaidd ydi hwn. Y *ton* gwrywaidd yma sy'n y ferf *didonni* (o *di + ton + i*), y gair am godi'r croen neu'r dywarchen oddi ar wyneb mawnog er mwyn cael at y mawn. *Didonnwr* ydi'r term am yr haearn sy'n cael ei ddefnyddio i godi'r dywarchen.

Dyma'r *ton* sydd yn enw *Ton-du*. Mae'n cyfeirio at dir wedi hen fagu croen — hynny ydi, tir pori heb gael ei aredig ers tro byd. Yn *Ton-du* roedd y tir hwnnw'n dywyll ei liw.

Yr un *ton* sydd yn enwau *Ton-teg, Tonyrefail, Tonypandy, Tonypentre*, a *Tonsguboriau*. Pentrefi ym Morgannwg ydi'r rhain, bob un. Yn wir, gair sy'n arbennig i Forgannwg a Gwent a rhannau o dde Brycheiniog ydi *ton* yn golygu 'croen' neu 'dyndir' mewn enwau lleoedd.

Beth am *Tonfannau* yn ymyl Tywyn ym Meirionnydd, meddai rhai ohonoch chi? Ar yr wyneb mae hwnnw'n edrych fel petai'n gwrthbrofi'r hyn yr ydw i newydd ei ddweud. Mewn gwirionedd, dydi o ddim. *Tynofannau* neu *Tonofannau* oedd hen ffurf yr enw hwn, fel mae dogfennau o 1419 ac o 1592 yn profi. Y gair *tyno* oedd ar ei ddechrau, gair yn golygu pant neu dir isel, gwastad.

Dywedais mai gair sy'n digwydd mewn enwau lleoedd yn ne-ddwyrain Cymru ydi *ton* yn golygu croen ar wyneb tir. Ond ychwanegwch *-en* at *ton* ac fe gewch *tonnen*. Mae *tonnen* yn air byw trwy Gymru am bwll o laid meddal â chroenen, sef y Saesneg 'quagmire'.

Trebanws

Pentre yng Nghwm Tawe ydi *Trebanws*.

Trebanos oedd yr enw gynt. Dyna gewch chi mewn dogfen o'r flwyddyn 1590 lle mae Iarll Worcester yn achwyn fod rhai o'i denantiaid wedi meddiannu tiroedd yn perthyn iddo, gan gynnwys 30 acer 'from a place called Tree Bannos'. (Cyhoeddwyd y ddogfen yn *Bwletin y Bwrdd Gwybodau Celtaidd* 1968. ac mae'n frith o enwau o ardal Abertawe.)

Tre neu *tref* yn ei hen ystyr yn golygu fferm, neu drigfan penteulu a'i feibion, ydi'r elfen gyntaf — yr un *tref* ag yn *cartref* ac yn *hendref*. Mae'n elfen gyffredin iawn mewn enwau lleoedd Cymraeg. Ond beth am y *banos* sy'n disgrifio'r *dref*?

Y peth cynta i'w gofio ydi fod treiglad meddal yn amlach na pheidio ar ddechrau'r elfen sy'n dilyn *tre* — yn *Tredegar* a *Tregaron*, er enghraifft. Chwilio am air *panos* ydi'r dasg, felly, i esbonio enw *Trebanos*.

Mae yna derfyniad lluosog *os* yn digwydd yn aml gydag enwau planhigion mewn enwau lleoedd yn Gymraeg. Dyna *grugos* am fan lle mae llawer o rug. Rhowch *y* o'i flaen a dyna ichi *Y Rugos*, sef *Y Rhigos* ym Morgannwg.

Enghraifft arall ydi *bedwos*, gair am gelli o goed bedw bychain. Hwn sy'n *Bedwas* yn ymyl Caerffili. Ychwanegwch at y rhain *Y Wernos*, enw pwll glo ger Rhydaman — man lle'r oedd llawer o goed gwern bychain, a *Lygos* — o *Helygos*, enw fferm y tu ucha i Glydach.

Mae gair *pân* am blu'r gweunydd. O *pân* fe gaech chi'r ffurf *panos* sy'n *Trebanos*. Fferm oedd honno unwaith ar weundir lle'r oedd plu'r gweunydd yn eu tymor yn dew.

Treganna

Yn 1901 roedd 12,395 o siaradwyr Cymraeg yng Nghaerdydd. Erbyn cyfrifiad 1981 roedd y rhif yn 14,245. Yn 1981 roedd uwch canran o siaradwyr Cymraeg yng Nghaerdydd nag ar unrhyw adeg oddi ar y Rhyfel Byd Cyntaf. Ac un o'r ardaloedd lle bu cynnydd oedd *Canton* neu *Treganna*.

I chi a minnau heddiw *tref* neu *tre* ydi'r gair Cymraeg sy'n cyfateb i 'town' yn Saesneg. Ond hen ystyr *tref* oedd fferm neu ffermdy — y tŷ lle'r oedd teulu yn byw, a'r tir o gwmpas.

Dyna ystyr y gair *tref* yn ail ran *cartref* — fferm *câr* neu dylwyth. Dyna'i ystyr hefyd yn *hendref* ac yn *pentref*. Casgliad o adeiladau yn un pen i dref neu stad lle'r oedd y dynion oedd yn gaeth i'r tir ac i'w harglwydd yn byw oedd *pentref* ar y cychwyn.

Yn ardal Bodorgan ym Môn mae plasty o'r enw *Trefeilyr*. Dyma'r dref neu'r fferm roddwyd yn rhodd gan un o dywysogion Cymru i'r bardd llys Meilyr, mae'n debyg. Heb fod ymhell o Drefeilyr roedd *Trewalchmai*, y dref roddwyd i'r bardd Gwalchmai. Mae enw *Trewalchmai*, heb y *tre* ar ei ddechrau, yn aros yn enw pentre *Gwalchmai* — yr unig bentre y gwn i amdano i gael ei enw ar ôl bardd, er nad oes dim yn y pentre heddiw, heblaw'r arwydd uwchben y dafarn, i'n hatgoffa am hynny.

Yn *Trefeilyr* a *Trewalchmai* mae enw person yn dilyn *tre*. Mae'r patrwm hwnnw, sef *tre(f)* + enw person, yn un cyffredin mewn enwau lleoedd. Dyna sydd yn *Treganna*. *Tre* — hynny ydi, fferm neu stad, rhywun o'r enw *Canna*, oedd *Treganna* ar y dechrau.

A *Canton*? Yr un enw personol *Canna* neu *Cann* sydd ar ddechrau hwnnw. Yr ail ran ydi *ton* neu *tun*, gair Saesneg tebyg iawn i *tref* o ran ystyr, ac un o'r elfennau mwya cyffredin mewn enwau lleoedd Saesneg.

Pa un ddaeth gynta, ai *Canton* yn Saesneg, ai *Treganna*? Does dim modd ateb i sicrwydd. Mae cofnod ar gael o'r ffurf

Saesneg *Canetune* o'r flwyddyn 1230, yn gynharach lawer na'r cofnod am ffurf Gymraeg yr enw. Mae'n bur debygol mai *Canton* y Saesneg ydi'r ffurf gynhára ac i honno gael ei Chymreigio'n *Treganna*. Heddiw, yn sicr, mae *Treganna* yn ennill ei lle unwaith eto.

Trelawnyd

Be wnewch chi o enw *Trelawnyd*, pentre yng Nghlwyd yn ymyl Prestatyn? Dim llawer, rwy'n amau, ar sail yr enw fel y mae heddiw.

Mae *Trelawnyd* yn un o'r enwau rheini sydd wedi newid yn fawr dros y canrifoedd. Mae sôn amdano yn Llyfr Domesday, yn yr arolwg enwog hwnnw o diroedd a wnaed yn 1086 ar gais Brenin Lloegr.

Yno *Rivelenoit* welwch chi — sef cynnig y clerc a luniodd y ddogfen ar gofnodi *Rhiwlyfnwyd*. Dyna oedd yr hen enw — *rhiw* yn golygu tyle, neu allt yn y Gogledd, yn cael ei ddilyn gan enw personol *Llyfnwyd*, efallai.

Rywbryd neu'i gilydd aeth *Rhiwlyfnwyd* yn *Trelyfnwyd*. Wedyn newidiodd *Trelyfnwyd* ar lafar yn rhywbeth fel Trelynwyd (gan golli'r *f*) ac yna'n ddiweddarach yn *Trelawnyd*. O leia, dyna un ffordd o geisio gwneud synnwyr o'r gwahanol ffurfiau sydd ar gael ar yr enw.

Tua'r flwyddyn 1700 dechreuwyd cynnal marchnad newydd yno. Y farchnad honno roddodd fod i'r enw *Newmarket*, sef enw Trelawnyd yn Saesneg.

Twmbarlwm

Enw â sŵn ardderchog iddo ydi *Twmbarlwm* yn enw ar fynydd yn ymyl Rhisga yng Ngwent.

Yn nodiadau hynafiaethydd o Sais o'r enw John Leland, tua phedwar cant a hanner o flynyddoedd yn ôl, *Tuinbarlwm* ydi'r ffurf a dyna roi penllinyn posib inni i esbonio *Twmbarlwm*. Diweddarwch ffordd Leland o sillafu'r enw ac fe gaech chi *Twynbarlwm*. *Twyn* fyddai'r elfen gyntaf, gair sy'n golygu bryn neu fryncyn. Mae *twyn* yn yr ystyr yma yn gyffredin iawn yn enwau lleoedd Morgannwg a Gwent — yn *Pen-twyn* yn ardal Abercarn, er enghraifft.

Barlwm ydi'r ail elfen. Cyfuniad ydi hwnnw o'r gair *bar* yn golygu pen, copa — fel yn *Crug-y-bar* — a'r ansoddair *llwm*. Byddai *Twynbarlwm* yn ddisgrifiad ardderchog o fryn moel ei ben. Mae'n weddol hawdd esbonio sut y gallai *Twynbarlwm* newid ar lafar yn *Twmbarlwm*. Yn Gymraeg mae yna duedd i *n* droi'n *m* o flaen *b*. Digwyddodd hynny yn enw Llanbedr Pont Steffan a aeth yn *Llambed* ar lafar (ac yn *Lampeter* yn Saesneg). *Dimbech* glywch chi yn Nyffryn Clwyd am *Dinbech* (neu *Dinbych*), a *Llambryn-mair* ym Mhowys am Llanbryn-mair. Dim ond i'r *n* yn *Twynbarlwm* droi'n *m* o flaen *b* ac i'r *wy* symleiddio'n *w*, ac fe gaech chi *Twmbarlwm* yn gwbwl naturiol.

Mae un anhawster cyn derbyn yr esboniad yma. Ddwywaith mewn hen gerddi digon masweddus o'r bedwaredd ganrif ar ddeg sonnir am *Tombarlwm*. Os mai cyfeirio at yr un lle yng Ngwent y mae'r cerddi, dyna brawf mai *Tombarlwm* oedd yr enw tua dau can mlynedd cyn dyddiau Leland. Ond hyd yn oed wedyn fe ellid esbonio hwn eto fel enw yn cynnwys *ton*, gair Morgannwg a Gwent am groen ar wyneb tir, a'r *n* wedi newid yn *m* o flaen *b*.

Twmbarlwm felly: naill ai *Twynbarlwm* 'bryn a'i ben yn llwm', neu *Tonbarlwm* 'tyndir yn ymyl bryncyn llwm'.

Tywyn

Mae *tywyn* yn air cyffredin yn Gymraeg am draeth tywodlyd. A gair ydi o sy'n digwydd droeon mewn enwau lleoedd, yn enwedig yn y Gogledd.

Yn Llŷn mae yna Tywyn a Phorth-tywyn yn ymyl Tudweiliog. Ym Môn mae dau, o leiaf: plwy Llanfihangel-yn-nhywyn yn ymyl Tywyn Trewan — lle mae Cybi Tywyn-y-capel, sef yr hen enw ar Fae Trearddur. Ychwanegwch at y rheina y Tywyn yn ne Ceredigion yn ymyl Gwbert. Ond y ddau Dywyn enwocaf o ddigon ydi Tywyn Meirionnydd — a dyna'r enw'n llawn — a Thywyn Abergele.

Yn yr ysgrif hon rwyf fi wedi sillafu'r enw bob tro yn *Tywyn*, gydag *y* yn ail lythyren. Dyna sy'n gywir. Yn ei darddiad mae'r gair *tywyn* yn perthyn i'r gair *tywod*. Ond mae yna beth amrywiaeth yn Gymraeg wrth ynganu *y* o flaen *w* mewn geiriau fel *tywallt, tywod, tywydd, tywyll*. Fe glywch chi *towallt, towad, towydd, towyll* yn ogystal â *tŵallt, tŵod, tŵydd, tŵyll*. Yn yr un modd fe glywch chi *towyn* a *tŵyn* am *tywyn*. Ac, yn wir, *Towyn*, gydag *o*, a welwch chi wedi ei sgrifennu amlaf o ddigon pan gyfeirir at y gwahanol Dywynnau mewn dogfennau ac ar fapiau.

Am fod Towyn gydag *o* yn digwydd mewn dogfennau ac ar fapiau, mae rhai'n mynnu'n ffyrnig mai dyma'r ffurf gywir. Camgymryd y maen nhw, a chymysgu amrywiad ynganu a chonfensiwn sillafu am hanes gair a'i ddarddiad.

Gyda llaw, gair arall hollol ydi *twyn* yn golygu bryn fryn neu fryncyn sy'n digwydd mewn enwau lleoedd yn y De. Mae ugeiniau o enghreifftiau ohono, yn bennaf yn hen siroedd Brycheiniog, Morgannwg a Mynwy. Fe'u rhestrwyd yn bur llawn gan y diweddar Athro Melville Richards mewn ysgrif yn 1969 mewn cylchgrawn o'r enw *Lochlann*, cylchgrawn ar astudiaethau Celtaidd sy'n cael ei gyhoeddi yn Norwy.

Tŷ Llychwyn

Fferm ar gyrion pentre Caergeiliog ym Môn, ychydig i'r de o ffordd yr A5, ydi *Tŷ Llychwyn* — neu *Tŷ Llychwin* yn ôl y ffurf ar fap yr OS heddiw.

Mae yna air *llychwin* yn golygu 'budur, brwnt', y *llychwin* sy'n y ferf *llychwino* 'baeddu, staenio' — fel yn Eseia 63, adnod 3: 'Pwy yw hwn yn dyfod o Edom, yn goch ei ddillad o Bosra? . . . Eu gwaed hwy a daenellir ar fy nillad, a'm holl wisgoedd a lychwinaf.' Sôn am wisg wedi ei staenio â gwaed sydd yma.

Go brin mai dyna'r *llychwin* yn *Tŷ llychwin*. Nid tŷ budur, nid tŷ wedi ei lychwino, ydi ystyr yr enw. Wnaiff hi mo'r tro chwaith, fel yr awgrymodd rhai, i gynnig mai'r gair *llychyn* 'tameidyn o lwch' sydd yn yr enw. Mae esboniad arall, un gwell. Mewn rhestr o'r gwŷr o Fôn a ildiodd i Frenin Lloegr yn 1406 ar ôl gwrthryfel Glyndŵr fe enwir rhywun o'r enw Hywel ap Dafydd Llychwyn. Roedd *llychwyn* yn 1406 yn fath o flasenw ar berson. Yn union fel y gelwid ambell un yn Dafydd Ddu ac un arall yn Llywelyn Goch, oherwydd lliw eu gwallt, gellid galw gŵr yn *Dafydd Llychwyn* — am fod ei bryd yn wyn iawn, mae'n debyg. Roedd ei wallt — ei bryd a gwedd i gyd, efallai — yn wyn fel lluwch eira. Mewn dogfen arall o Fôn o 1417 gwelais sôn am Einion ap y Llychwyn — Einion mab rhywun a flasenwid 'Y Llychwyn'.

Na, nid *Tŷ llychwin*, fel y myn y map, ydi enw'r fferm ym Môn, ond Tŷ Llychwyn, tŷ a thir a oedd ar un adeg yn eiddo i rywun yn dwyn yr enw *Y Llychwyn*. Yr un ydi'r esboniad ar enw *Dôl Llychwyn* neu *Dôl y Llychwyn* yn ardal y Parc yn ymyl y Bala.

Waunarlwydd

Enw diddorol ydi Waunarlwydd, ar gyrion dinas Abertawe. Mae'n hawdd egluro'r *waun* ar ei ddechrau. Dyma'r gair *gwaun* — *waun* neu *weun* ar lafar — sy'n golygu tir gwastad, braidd yn wlyb fel arfer.

Beth am yr ail ran, *arlwydd*? Yr ateb yn syml ydi mai ffurf ar y gair *arglwydd* ydi honno. Mae enghraifft o'r ffurf hon yn digwydd mewn copi o'r chwedl Gymraeg Canol am Beredur — y copi sy'n llawysgrif Llyfr Gwyn Rhydderch. Yno mae cymeriad o'r enw Edlym Gleddyf Coch yn gorchymyn i nifer o wŷr dalu gwrogaeth i Beredur. 'Dowch,' meddai wrthyn nhw, 'dowch i wra i'm *harlwydd* i' — hynny ydi, 'i'm harglwydd i.'

Mae'n bosib, wrth gwrs, fod y mynach oedd wrthi'n copïo Llyfr Gwyn Rhydderch yn ôl yn y bedwaredd ganrif ar ddeg wedi hepian am eiliad wrth ben ei femrwn, a gadael yr *g* allan mewn camgymeriad. Ond mae'n fwy tebygol, efallai, iddo lithro heibio i'r *g* yn *arglwydd* am ei fod yn gyfarwydd â'r ffurf *arlwydd* ar lafar yn ei dafodiaith. Oherwydd y gwir ydi fod *arlwydd* mewn oes ddiweddarach yn ffurf gyffredin yn nhafodiaith Morgannwg. Ac mae tystiolaeth am y ffurf *arlwydd* mewn enwau lleoedd. Mae sôn am *Prysg yr Arlwydd* — hynny ydi, coed yr arglwydd — mewn arolwg a wnaed o diroedd yn y De yn 1609-1613, ac ychydig ar ôl hynny (fel y sylwodd Melville Richards) enwir *Coetgae'r arlwydd* yn ardal Castell-nedd.

'Gwaun yr arglwydd', felly, ydi ystyr *Waunarlwydd* — y gweundir ar gyrion Abertawe oedd ym meddiant yr arglwydd lleol mewn hen oes. Prawf pendant o hynny ydi'r ffurf 'Gweine Arlloid . . . the Lorde's Meade' a nodwyd gan yr Athro Gwynedd Pierce mewn ysgrif ar enwau'r ardal yn y gyfrol *Abertawe a'r Cylch*. Mae 'meade' yn cyfateb i ran gyntaf y gair *meadow* ac yn gyfieithiad o *waun* neu *gwaun*.

Wstrws

Mae rhai ohonoch chi, rwy'n siŵr, wedi sylwi ar yr enw *Wstrws* ar wal fferm ar y llaw chwith wrth ichi yrru ar hyd yr A486 o Landysul am Post-mawr ac Aberaeron. Mae'n enw rhyfedd ac yn herio rhywun i geisio'i esbonio.

Clywais rywun yn awgrymu mai talfyriad neu lygriad o 'Rhos wrth y drws' ydi *Wstrws*. Go brin y galla i dderbyn hynny. Wnaiff hi mo'r tro i feddwl am ymadrodd neu gwlwm o eiriau sy'n swnio rywbeth yn debyg i enw dieithr a mynnu mai rhyw ffurf ar hynny ydi o. Ond os nad 'Rhos wrth y drws', beth ynte ydi o?

Yn ôl dau a chanddyn nhw gysylltiad â'r ardal flynyddoedd yn ôl, roedd yna gynt ar glos neu fuarth y fferm yma odyn ar gyfer sychu hops neu hopys. Yn syth, dyma godi trywydd diddorol. Yn Saesneg *oast* ydi'r gair am odyn i sychu hops. Mae *oast-house* hefyd yn enw cyffredin yn ne Lloegr am adeilad yn cynnwys odyn o'r fath, adeilad crwn sy'n codi i simnai bigfain.

Nawr mae'r gair *house* Saesneg yn rhoi -*ws* ar ddiwedd geiriau yn Gymraeg — fel yn *becws, madws, warws, wyrcws*, o 'bakehouse', 'madhouse', 'warehouse', 'workhouse', er enghraifft. *House* neu *hus* y Saesneg sydd ar ddiwedd yr enw *Betws* hefyd. Tybed ai *oast-house* y Saesneg ydi'r esboniad ar enw *Wstrws* ym mhlwy Llandysiliogogo? Mae'n esboniad posib, er nad ydi o'n cyfri am yr *r* yna sydd yng nghesail yr *st* yn yr enw.

Wybrnant

Adeg dathlu pedwar-canmlwyddiant cyfieithu'r Beibl i'r Gymraeg roedd cryn sôn am *Wybrnant*. Yno, yn Nhŷ-mawr Wybrnant neu yn y Tyddyn Mawr ym mlaen Wybrnant, y magwyd yr Esgob William Morgan.

Bu mwy nag un cynnig esbonio'r enw *Wybrnant*. Yr hen esboniad oedd mai cyfuniad ydi'r enw o *wiber* neu *gwiber* a *nant*, a *gwiber* yn air am neidr wenwynig — *viper* yn Saesneg. Yn wir, roedd rhai'n adrodd stori fawr liwgar am sarff a neidr yn yr ardal mewn hen gyfnod — heb boeni dim mai *Gwibernant* fuasai'r enw petai'n cynnwys y gair *gwiber*.

Cynigiodd eraill mai'r gair *wybr*, fel yn *wybren* 'awyr', sydd yn rhan gynta *Wybrnant*. Dyna oedd barn y diweddar Athro J. Lloyd-Jones, ysgolhaig Cymraeg disglair iawn a'i wreiddiau yn yr ardal. Un o hen ystyron *wybr* oedd 'cwmwl', meddai o; felly nant y cymylau oedd — ac ydi — Wybrnant. Dilyn yr un trywydd a wnaeth R.J. Thomas a'r Athro Melville Richards wrth gynnig mai nant â llawer o dawch yn codi ohoni ydi Wybrnant: meddwl am *wybr* 'awyr' yr oedden nhwytha.

Mi fentra inna anghytuno a chynnig esboniad gwahanol. Meddyliwch am enwau eraill lle mae *nant* yn ail elfen — *Sychnant* a *Hirnant*, er enghraifft. Yma mae ansoddair o flaen *nant* i roi inni ddisgrifiad daearyddol o nant sych a nant hir. Mae'r un patrwm yn yr enw *Garnant*, o *Garwnant*, nant arw, ac yn *Cadnant*, lle mae'r un *cad* ag sy'n *cadarn* — hynny ydi, nant yn llifo'n gadarn a nerthol.

Roedd yna hen ansoddair *ewybr* yn golygu 'buan, cyflym, chwim, clir'. Cydiwch hwn wrth nant a dyna ichi *Ewybrnant*, yn disgrifio nant sy'n llifo'n gyflym neu'n glir iawn ei dŵr. Mae'r acen yn Gymraeg ar y sillaf ola ond un mewn gair, ar *wybr* yn Ewybrnant. Roedd yr *e* ar y dechrau, felly, yn ysgafn. Fe'i collwyd. Aeth *Ewybrnant* ar lafar yn naturiol yn *Wybrnant*. Mae hwn yn symlach esboniad. Mae hefyd yn dilyn patrwm enwau fel Sychnant, Hirnant, Garnant, Cadnant a Mochnant.

Ystrad Deur

Golden Valley ydi enw dyffryn yn sir Henffordd, ar gwr y Mynydd Du ac am y ffin â Chymru. Mae'n ymestyn o Bontrilas ac Ewias Harold i fyny at Dorstone (i'r dwyrain o'r Gelli).

Dore ydi enw'r afon sy'n llifo trwy'r dyffryn. A phetaech chi'n olrhain yr enw hwnnw'n ôl i'w darddiad, fe gaech mai hen enw Cymraeg neu Frythoneg ydi o. *Dore* ydi'r ffordd o sgrifennu enw'r afon yn Saesneg; *Dôr* ydi'r ynganiad. Tu ôl i hwnnw mae hen ffurf *Dofr*, a hwnnw yn ei dro yn ffurf ar air Brythoneg roddodd inni *dŵr* a *dwfr* yn Gymraeg — yn union fel enw tre *Dover* yng Nghaint. Brythoneg oedd yr iaith oedd yn cael ei siarad yn y rhan fwyaf o Brydain cyn i'r Saeson ddod yma, a ffurf ddiweddar ar y Frythoneg hon ydi Cymraeg heddiw. Ffurf ar y gair Brythoneg am *ddŵr* neu *ddwfr* roddodd i *Dover* ac afon *Dore* eu henwau. Mae'r ddau'n rhan o etifeddiaeth Geltaidd a chyn-Saesneg Prydain.

Ildiodd Brythoneg yng Nghaint ei gafael i Ladin ac yna i Saesneg, a ffosil o enw ydi *Dover*, ffosil sy'n bwrw'n ôl ddwy fil a rhagor o flynyddoedd. Parhaodd y Gymraeg Frythonaidd yn iaith fyw mewn rhannau helaeth o sir Henffordd i'r Oesoedd Canol, ac yn ddiweddarach na hynny mewn rhannau. Enw dyffryn afon Dore yn Gymraeg yn yr Oesoedd Canol oedd Ystrad Deur. Rywbryd neu'i gilydd camrannwyd *Ystrad Deur* yn *Ystrad Eur* a thybiodd rhywun ar gam mai Ystrad Aur oedd o. Cyfieithiad o'r *Ystrad Aur* 'anghywir' hwnnw ydi'r enw *Golden Valley* presennol.

Geiriau ac Ymadroddion

byw tali

Byw tali ydi'r ymadrodd ym Môn ac yn Arfon am ddyn a dynes yn cyd-fyw heb briodi. *Tali* gydag *i* ar ei ddiwedd ydi'r gair, ac nid *talu* gydag *u* fel y gwelwch chi honni weithiau.

Tally oedd y gair yn Saesneg am ddarn o bren neu bric, wedi ei sgwario, a ddefnyddid erstalwm i gadw cyfri am ddyled. Dychmygwch eich bod chi'n cael rhywbeth mewn siop neu mewn tafarn ar goel. Byddai'r siopwr neu'r tafarnwr yn torri marciau neu hiciau ar draws un wyneb i'r pric i gadw cyfri am y ddyled. Yn y man fe holltid y pric i lawr ei ganol. Byddai'r gwerthwr yn cadw un hanner a'r prynwr neu'r dyledwr yn cadw'r hanner arall — y naill hanner a'r llall yn cyfateb i'w gilydd ac yn gofnod am y ddyled. Doedd gan yr un o'r ddwy ochr yn y fargen ddim dangosiad ar bapur; doedd dim ymrwymiad cyfreithiol; dim ond parodrwydd y ddwy ochr i barchu tystiolaeth y marciau ar y *tali*.

Yng ngogledd Lloegr — yn ochrau Lerpwl, er enghraifft — daeth 'to live on tally' yn ymadrodd ar lafar am gyd-fyw heb briodi. Doedd gan y ddynes yn y fargen ddim hawliau cyfreithiol o gwbwl, ddim mwy na'r siopwr a roddai nwyddau ichi ar goel a nodi hynny ar y tali. Benthycwyd 'to live on tally' neu 'to live tally' ar lafar i'r Gymraeg i roi'r ymadrodd *byw tali* yn iaith y Gogledd.

capel

Capel i'r rhan fwya ohonom ni heddiw ydi'r gair am addoldy
Ymneilltuol, ac *eglwys* ydi'r gair am le addoliad yn perthyn i'r
Eglwys Anglicanaidd neu Babyddol. Ond arfer gymharol
ddiweddar ydi gwahaniaethu rhwng *capel* ac *eglwys* fel hyn.
Tua 1718 y defnyddiwyd *capel* gynta yn Gymraeg am addoldy
neu dŷ cwrdd Ymneilltuol, ond roedd y gair *capel* yn hŷn
lawer na hynny yn ein hiaith.

Gair Lladin ydi *capel* yn ei darddiad a ffurf ar y gair a
roddodd *coban* yn ein siarad pob dydd ni. Sut hynny,
meddech chi?

Fel hyn. Un o ddynion duwiol y bedwaredd ganrif oedd
sant o'r enw Martin o ddinas Tours. Dywedir iddo ef un noson
oer o aeaf rannu ei glogyn neu ei gob â thlotyn noeth. Ar ôl
marw Martin anrhydeddwyd y gob. Cadwyd hi mewn cist neu
gyff, yn grair sanctaidd. *Cappa* neu *capella* oedd y geiriau
Lladin am gob — *cappa* am gob, *capella* am *gob* fechan.

Daeth *capella* yn enw ar y greirfa lle cedwid cob Martin.
Gydag amser daeth yn air am gilfach tu mewn i eglwys wedi ei
neilltuo ar gyfer addoliad preifat. A'r gair *capella* hwn yn
Lladin roddodd *capel* i ni a *chapel* yn Saesneg (ond bod ôl ei
deithio trwy Ffrangeg ar ynganiad y gair Saesneg).

Daeth *capel* yn air hefyd am eglwys fechan wedi ei chodi
beth ffordd oddi wrth eglwys y plwy — eglwys 'breifat' yn
perthyn i blasty neu deulu arbennig, neu eglwys fechan ar
gyfer trigolion rhan anghysbell o blwy. Dyna ydi'r *capel* yn
Capel Garmon uwchben Llanrwst ac yn *Capel y Ffin* yng
nghesail y Mynydd Du heb fod ymhell o'r ffin rhwng
Brycheiniog a sir Henffordd.

Ond dowch yn ôl at *cappa* neu glogyn Martin. Y gair Lladin
cappa roddodd *cape* a *cope* yn Saesneg. Yr un gair Lladin yn y
pen-draw roddodd *cob* yn Gymraeg — sef yr enw erstalwm
am fath o got fawr. Bachigyn o *cob*, hynny ydi, cob fechan,
oedd *coban* — atgof am goban Martin! On'd ydi olrhain
geiriau yn codi ambell drywydd annisgwyl?

Clôs Gwyddel neu Drywsus Dytshman

Mae yna ddigon o awyr las i wneud trywsus i longwr meddai ambell un wrth sôn am glytiau o lesni'n torri trwodd pan fydd cymylau glaw yn gwasgaru. Sôn am ddigon o awyr las i wneud clôs pen-glin i glagwydd y bydd eraill. Yn Nyffryn Aeron sonnir am lond pen ôl britshin o haul — neu o *houl* — ym mhwll Aeron.

Yn Llansannan yng Nghlwyd clywais alw clwt glas yn yr awyr yn glôs Gwyddel — tin clôs Gwyddel, yn ôl rhai ym Môn. Ffordd arall eto o sôn am yr un peth — amrywiad mwy lliwgar — ydi dweud fod yna ddigon o awyr las i roi patsh ar drywsus Dytshman.

O'r Saesneg, rwy'n amau, y daeth y dywediad olaf yma. O leia, fe ddefnyddir 'Dutchman's breeches' yn yr iaith honno am glytiau o lesni yn yr awyr — dau glwt i ddechrau, yn ôl un disgrifiad. Ond ni, a neb arall, piau sôn am glôs Gwyddel.

Pam Dytshman a Gwyddel? Esboniad un o Lansannan ar 'clôs Gwyddel' yn llafar yr ardal honno ydi mai Gwyddelod fu wrthi'n gwneud y ffordd o Lansannan i'r Bylchau. Roedd y Gwyddelod rheini'n gwisgo trywsusau rib llwyd ac yn cael gwnio clytiau arnyn nhw gan wragedd yr ardal.

Efallai'n wir. Ond mae'n werth cofio fod yna o bosib gyd-destun arall i'r dywediad. Gair cas oedd Dytshman bron yn ddieithriad yn Saesneg, byth oddi ar y rhyfeloedd rhwng Prydain a'r Iseldiroedd yn yr ail ganrif ar bymtheg. Dyna gychwyn ymadrodd fel 'Dutch courage', sef dewrder rhywun yn llawn diod. Gair cas fu Gwyddel yn ein hiaith ninnau. Cyfeirio at dlodi'r Gwyddelod truain oedd yn dod i chwilio am waith yma y mae'r galw clwt bychan o lesni yn yr awyr yn din clôs Gwyddel. Yn y bôn cael hwyl am ben carfan o estroniaid y mae'r dywediadau.

Yng ngheg y Fenai, draw tu allan i Fiwmares, mae banc tywod a oedd yn arbennig o dwyllodrus yn oes y llongau hwyliau. *Dutchman's Bank* ydi ei enw yn Saesneg. Yn Gymraeg *Banc yr Hen Wyddeles* oedd yr enw arno.

codi'i binnas

'Mae o'n hwylio i godi'i binnas unwaith eto' meddem ni yn y Gogledd am rywun sy'n sôn am godi'i bac a symud i rywle arall i fyw neu weithio. Mae'n ymadrodd byw ar lafar. Fe'i cewch hefyd gan Kate Roberts yn *O Gors y Bryniau* lle mae'n sôn am chwarelwr oedd wedi mynd i lawr i'r De i weithio 'ei fod am godi'i binnas i fynd i'r Gogledd yn ôl'.

Rwy'n cofio cael fy ngheryddu'n ysgafn gan hen gymydog annwyl yn Llanfair Pwll flynyddoedd yn ôl am ddefnyddio'r ymadrodd. Gan ostwng ei lais ryw fymryn, awgrymodd yn garedig nad oedd *codi'i binnas* yn ymadrodd hollol weddus. 'Dach chi'n gweld,' meddai, 'y gair *penis* ydi o.'

Nid dyna'r gwir, wrth gwrs. Ac nid ffurf ar y Saesneg *pins* yn golygu coesau ydi *pinnas* chwaith, fel yr awgrymwyd gan O.H. Fynes-Clinton yn ei eiriadur godidog o Gymraeg ardal Bangor, gan T.H. Parry-Williams yn ei lyfr ar eiriau Saesneg a fenthycwyd i'r Gymraeg, a chan R.E. Jones yn *Llyfr o Idiomau Cymraeg*.

Yr esboniad cywir ydi mai ymadrodd o fyd y môr ydi *codi'i binas*. Yn Saesneg mae yna air *pinnace* am gwch ac yn arbennig cwch ar gyfer mynd yn ôl a blaen i'r lan o long ryfel erstalwm. Dyna'r *pinnas* yn *codi'i binnas*. Pan oedd llong yn paratoi i hwylio roedd y cychod *pinnas* yn cael eu codi o'r dŵr; roedd y llong yn *codi'i phinnas* yn llythrennol.

Coch-a-bonddu

Yn y *Times*, 22 Mehefin 1992, roedd stori am ddod o hyd i gwch hwylio o'r enw *Coch-y-bondhu* yn ddigon gwael ei gyflwr mewn gwesty yn Strontian ar lan Loch Sunart yng ngorllewin Sgotland.

Diddordeb y stori i ddarllenwyr y *Times* oedd mai dyma'r cwch oedd gan yr awdur llyfrau plant Arthur Ransome yn Ardal y Llynnoedd flynyddoedd lawer yn ôl. Y cwch hwn, mae'n debyg, oedd patrwm cwch o'r enw'r Scarab yn stori Ransome *The Picts and the Martyrs*. Yn awr, ar ôl i aelodau Cymdeithas Edmygwyr Ransome ddod o hyd i'r cwch, mae sôn am ei adfer a'i arddangos yn atyniad i ymwelwyr — yn Windermere efallai.

Enw'r cwch, *Coch-y-bondhu* sy'n ddiddorol. Synnwn i fawr na fydd yna hawlio mai enw Gaeleg ydi o — enw yn yr iaith debyg i Wyddeleg sy'n cael ei siarad yng ngorllewin yr Alban. Mae'r *dhu* ar ei ddiwedd yn awgrymu Gaeleg. Ond thâl dadlau hynny ddim. Enw Cymraeg diamheuol ydi *Coch-y-bondhu*, hyd yn oed os ydi'r ffordd o'i sillafu dipyn bach yn rhyfedd.

Pam, meddech chi, mai enw Cymraeg oedd ar gwch Arthur Ransome? Yr allwedd i'r ateb ydi fod Ransome yn bysgotwr garw yn ogystal ag yn awdur llyfrau plant llwyddiannus. Ac fe ŵyr pob pysgotwr go iawn am *gochybonddu*.

Enw Cymraeg ar bry ydi *cochabonddu* neu *cochynbonddu*, pry browngoch hefo coesau tywyll — hefo *bôn du*. Fe'i defnyddid gan bysgotwyr i dwyllo brithyll. Daeth yn enw hefyd ar bluen bysgota wedi ei llunio i edrych yn debyg i bry cochabonddu. Mewn llyfrau am bysgota o ganol y ganrif ddiwetha mae sôn am y pry a'r bluen yma. Cadwodd ei henw Cymraeg. Mae *cock-a-bondy* yn un o'r ychydig eiriau benthyg o'r Gymraeg i'r Saesneg — *cock-a-bondy, flannel* (o *gwlanen*), *eisteddfod, penillion* a rhyw lond dwrn arall.

Cock-a-bondy, fel yna, ydi'r sillafiad arferol yn Saesneg

heddiw. Dyna sy'n yr *Oxford English Dictionary* mawr. Ond fe fu yna sillafiadau eraill, gan gynnwys *cock-a-bondhu*.

Gwybod am y bluen bysgota *cochabonddu* neu *cochybonddu* yr oedd Arthur Ransome pan enwodd o ei gwch yn *Coch-y-bondhu*.

dominô

'Mae hi'n dominô arna i' meddwn-i ar sgwrs y diwrnod o'r
blaen. Am gyfleu yr oeddwn ei bod hi wedi mynd i'r pen arna-i
ar y perwyl arbennig roeddwn i arno. 'Be ddwetsoch chi?'
meddai cyfaill oedd yn gwrando. Roedd y dywediad yn
ddiarth iddo, ac yn arbennig ynganiad *dominô* hefo'r *o* yn hir
ar ei ddiwedd.

Domino, hefo *o* olaf fer, ydi'r gair am ddernyn hirsgwar o
bren neu asgwrn, yn ddu i gyd ar un ochr ond gyda dotiau o
ddim i chwech ar ddau hanner ar yr ochr arall, a ddefnyddir i
chwarae gêm *dominos*. Fe alwyd y darnau hyn yn dominos o
bosib am eu bod yn debyg i fasg a wisgid am yr wyneb mewn
dawnsfeydd arbennig — y masg yn ddu am yr wyneb ond y
llygaid yn y golwg yn wyn. *Domino* oedd y gair yn yr Eidal am
y masgiau yma, a chyn hynny am gwfl a chlogyn a wisgai
offeiriaid.

Rywsut mabwysiadwyd y gair *domino* yn enw ar gêm a
ddaeth yn boblogaidd tua dau gan mlynedd yn ôl. Ac yna yn
sgil poblogrwydd y gêm, daeth 'it is domino with' yn
ddywediad slang yn Saesneg ymhlith milwyr a llongwyr am
ryw druan oedd yn cael ei chwipio. Roedd hi'n domino arno
ar ôl derbyn y chwipiad olaf; roedd ei gosb drosodd. Gan
mlynedd yn ôl hefyd roedd condyctwyr bysus yn Llundain yn
gweiddi 'Domino' pan oedd y cerbyd yn llawn.

O slang Saesneg — o iaith llongwyr efallai — daeth 'mae
hi'n domino' yn ffordd o ddweud 'mae hi ar ben' yn y
Cymraeg llafar a etifeddais i — gyda hyn o wahaniaeth: bod
siaradwyr Cymraeg wedi dod i roi pwyslais hir ar yr *o* ar y
diwedd. Mae *dominô* yn swnio'n fwy terfynol na *domino*,
yntydi?

drewi fel gingron

'Mae'n drewi fel *gingron* meddir ar lafar. *Cingron* neu *cingroen* ydi'r gair am fath o ffwng neu gaws llyffant ag ogla drwg iddo — 'stink-horn' yn Saesneg.

'Drewi fel *burgyn*' ydi ymadrodd arall glywch chi weithia. Corff anifail marw ydi ystyr *burgyn* — gair benthyg i'r Gymraeg o'r Saesneg *morkin* yn ei gychwyn. Mae'r gair yn digwydd yn y Beibl, yn llyfr Deuteronomium, pennod 14, adnod 8.

Hen air Cymraeg arall am *furgyn* oedd *buria*. 'Heno'n farw fel hen *furia*' meddai'r bardd Iolo Goch dros chwe chan mlynedd yn ôl wrth sôn am ei geffyl. Syndod pleserus i mi oedd clywed y gair hwn yn cael ei arfer yn naturiol braf gan un o Eifionydd wrth sôn fod rhywbeth 'yn drewi fel *buria*'.

'Drewi fel yr *abo*' a 'drewi fel y pria' meddai rhai yng Ngheredigion. Celain anifail oedd *abo* — corff dafad wedi ei lladd gan flaidd, er enghraifft. Am *pria*, gair benthyg — hen fenthyg — i'r Gymraeg o'r Saesneg 'prey' ydi hwnnw, o'r un gair 'prey' ag sy'n 'birds of prey'. Adar sy'n byw ar ladd a bwyta cig creaduriaid marw ydi'r rheini.

Ym Môn clywais ddweud fod rhywbeth yn 'drewi fel *cigladd*'. Cyfuniad o *cig* a *lladd* ydi *cigladd*, gair arall eto am furgyn neu gelain.

Ychwanegwch at y rheina 'drewi fel ffwlbart' a dyna ichi saith ffordd wahanol o ddweud fod rhywbeth yn ddrewllyd. A chymariaethau neu ddywediadau y clywais-i eu harfer ar lafar ydi pob un ohonyn nhw.

eisteddfod

Ein gair ni am ŵyl lle mae cystadlu ar ganu ac adrodd a chyfansoddi llenyddiaeth ydi *eisteddfod*. Cyfuniad ydi'r gair o'r ferf *eistedd* ac enw *bod* yn golygu 'lle, man, tŷ'. Mae'r un gair *bod* i'w gael yn *hafod*, y tŷ neu'r cartref lle'r oedd pobl yn byw yn yr haf.

Ystyr y gair *eisteddfod* i ddechrau oedd cyfarfod lle'r oedd pobl yn dod at ei gilydd i eistedd i drafod rhyw fater arbennig. O ran ystyr mae'n debyg i 'sitting' neu 'session' yn Saesneg — dau air yn golygu eistedd yn wreiddiol.

Yn Salm 107, adnod 32, yn yr hen gyfieithiad o'r Beibl, mae sôn am foli Duw 'yn eisteddfod yr henuriaid' — 'in the seat of the elders' yn y Beibl Saesneg. Sôn am foli Duw 'yng nghyngor yr henuriaid' sydd yn y cyfieithiad newydd — 'in the council of the elders' yn y New English Bible.

Mewn hen destunau Cymraeg mae sôn am eisteddfodau'r Eglwys — 'Church Councils', ac am eisteddfod o'r Senedd — 'session of Parliament'. Mae sôn hefyd am eisteddfodau beirdd.

Roedd y beirdd yng Nghymru ar un adeg yn grefftwyr proffesiynol. Roedden nhw yn dechrau fel prentisiaid er mwyn dysgu rheolau barddoniaeth, ac yna ar ôl gorffen eu prentisiaeth yn cael tâl am eu cerddi. Byddai'r beirdd hyn yn cyfarfod mewn cynhadledd i drafod materion eu proffesiwn, fel Undeb Awduron heddiw. Yr enw am gynhadledd y beirdd oedd eisteddfod, ac o'r hen eisteddfodau beirdd hyn ymhen amser y tyfodd ein Heisteddfod fawr ni.

yn feddw gorlac

'Yn feddw *gorlac*' meddir yn ardal Hendy-gwyn ar Daf am rywun sy'n feddw fawr. 'Yn feddw gaib' glywir yn y Gogledd am gyflwr tebyg.

Corlac, sylwch, gydag *r* o flaen *l*, glywch chi yn Nyfed. Nawr, fe all *r* ac *l* yng nghesail ei gilydd fel hyn ffeirio lle. Gall y cyfuniad *lr* newid yn *rl* ar lafar. Dyna ddigwyddodd i roi inni'r gair *corlac*. Amrywiad ydi o ar *colrac* a hwnnw yn ei dro yn ffurf Gymraeg ar y gair Saesneg *cole-rake*, sef yr enw am erfyn i grafu cols a lludw o ffwrnais neu bopty, neu erfyn at grafu mwd neu dail.

Roedd y gair *corlac* neu *colrag* ar arfer ar fath o gribin yng ngweithfeydd mwyn Ceredigion slawer dydd. Mae Lewis Morris yn un o'i lythyrau o Ben-bryn ger Aberystwyth yn sôn amdano'i hun yn 1760 wrthi'n brysur yn trwsio 'berfâu olwynog a rhawiau a bwcerau a *cholragau* a chleifisiau a gwagrau a morthylau a gyrdd a chynion ac ebillion a nodwyddau a ramerau a cherwyni golchi a landerau a bwningau a rowliau ac ystorsiau a rhaffau a swebiau a phympiau a llawer o ryw fân bethau sy'n perthyn i waith mwyn.'

Math o ordd arbennig at falu mwyn oedd *bwcer* — 'bucker' yn Saesneg; bach cryf ar ben rhaff i gydio mewn bwced oedd *cleifis*; ffurf ar y gair *gogr* ydi *gwagr* neu *gwagar*; lluosog *gordd* ydi *gyrdd*; a math o 'pile-driver' oedd *ramer* — a sôn am rai yn unig o'r termau yn rhestr offer ddiddorol Lewis Morris.

Ond dowch yn ôl at *colrac* neu *corlac*. Roedd *corlac* yn air yng Nghwm Gwaun am fath o hof a ddefnyddid i droi grawn mewn odyn, yn ôl cyfrol gyfoethog W. Meredith Morris, *A Glossary of the Demetian Dialect*, 1910. Mae *corlac* hefyd yn air byw gan rai o ffermwyr sir Aberteifi am erfyn a ddefnyddir i wthio dafad i lawr i'r dŵr wrth olchi defaid rhag y clafr.

Ond pam 'yn feddw *gorlac*'? Neu pam 'yn feddw gaib', o ran hynny? Meddyliwch am gaib ac fe welwch ergyd y gymhariaeth. Erfyn ydi caib na ellwch chi ei chael i sefyll yn syth. Mae'n siglo a disgyn — fel dyn meddw. Mae *colrac* yr un fath. Mae'n gamp ichi ei gael i sefyll ar ei droed!

yn felyn fel aliocar

'Yn felyn fel yr aur' meddem ni am wallt plentyn bach. 'Yn felyn fel banadl' meddid gynt am wallt merch ifanc. Dyna ddau o'r 'feliau' sy'n rhoi bywyd a lliw yn ein llafar. Beth amser yn ôl, ar raglen radio, clywais gymhariaeth arall i gyfleu melynwch a oedd yn ddryswch llwyr imi. 'Yn felyn fel alioca' meddai rhyw wraig a ffoniodd i mewn i'r rhaglen. Ie, 'alioca' oedd y gair ddefnyddiodd hi. Roedd yn air cwbl ddiarth.

Un o Arfon oedd y wraig a soniodd am 'alioca'. Y cyfle cynta ges i, dyma droi at gyfrol odidog O.H. Fynes-Clinton, *The Welsh Vocabulary of the Bangor District* — y geiriadur Cymraeg cyflawn gorau sydd gennym, er mai geiriau un dafodiaith yn unig sydd ynddo. Roedd y gair yno fel *aliocar*, a chyferbyn ag ef yn Saesneg 'yellow-ochre'. A dyna glirio'r dryswch.

'Yellow-ochre' ydi'r gair yn Saesneg am fath o fetel a ddefnyddid yn lliw neu bigment. Benthyciwyd hwnnw i'r Gymraeg ar lafar gan Gymry uniaith fel *aliocar* neu *eliocar*. Plwyfodd yn rhan o'r Gymraeg ac ymgartrefu, a chydag amser yn llafar ambell un aeth yr *r* ar y diwedd i golli.

Hyd y gwn i, gair ardal Bethesda ydi *aliocar*. Dweud fod rhywbeth 'yn felyn fel *ocar*' a wneir yn ardal Gurn-goch yn ymyl Clynnog. Mae'r sawl a ddywedodd hynny wrthyf yn cofio mynd i Gaernarfon i brynu *ocar* er mwyn ei gymysgu gyda chalch i liwio waliau'r pantri. Rhoddai liw melyn ysgafn.

Ym Môn clywais innau ddweud am liw croen rhywun oedd yn wael ei iechyd ei fod 'yn felyn fel saffrwn'. Ie, saffrwn, y peth hwnnw a geir o stigmau'r crocws ac a ddefnyddir i liwio ac i flasu bwydydd.

Geiriau Saesneg ydi'r rhain, meddech. Arhoswch funud. O'r Ffrangeg y cafodd y Saesneg 'saffron', a'r Ffrangeg o Arabeg. O'r Ffrangeg hefyd y cafodd Saesneg 'ochre', a'r Ffrangeg yn ei thro o Ladin, a Lladin o Roeg. Os y nhw, pam nad ninnau? Does dim o'i le ar fenthyca — dim ond i'r iaith sy'n llyncu iawndreulio'r benthyciad.

fel Ffair y Farnad

'Roedd hi'n brysur yng Nghaerdydd fore Sadwrn; roedd hi fel *Ffair y Farnad* yno.' Wrth sgwrsio â chydweithwraig yn y Coleg y clywais i ddweud hynna. Roedd y dywediad 'fel Ffair y Farnad' yn newydd hollol imi.

Ffair Barnet oedd Ffair y Farnad. Yn Barnet, ychydig i'r gogledd o Lundain, y cynhelid un o'r ffeiriau ceffylau a gwartheg enwocaf yn y gwledydd yma. High Barnet neu Chipping Barnet ydi'r ffurf welwch chi weithiau ar enw'r dref. Mae *Chipping* yn ddiddorol. Daw o air Saesneg yn golygu marchnad, gair yn cynnwys yr un bôn â'r *ceap* neu *chep* ar ddechrau *Chepstow*, a'r ansoddair cyffredin *cheap* 'rhad, bargen'.

Ond dowch yn ôl at Ffair Barnet. Roedd honno'n un o'r ffeiriau y cyrchai porthmyn o Gymru iddi gyda'u gyrroedd o wartheg a cheffylau. Mae gan Twm Elias yn ei lyfryn ar *Y Porthmyn Cymreig* ddisgrifiadau lliwgar o Ffair y Farnad pan heidiai'r Cymry yno — disgrifiadau wedi eu codi o bapurau newydd Saesneg o 1850 a 1856 — y strydoedd yn orlawn o anifeiliaid, yn swnllyd, yn llawn cythru a rhuthro.

Mae dweud ei bod hi 'fel Ffair y Farnad' yn cyfleu i'r dim fwrlwm Caerdydd adeg siopio'r Dolig neu cyn gêm ryngwladol. A dywediad ydi o sy'n perthyn yn wreiddiol i iaith y porthmyn — un enghraifft o sut y bu i'r criw diddorol hwnnw gyfoethogi diwylliant llafar y Gymraeg trwy gyflwyno geiriau a dywediadau a chaneuon newydd iddo.

Math arall o brysurdeb ydi dweud ei bod hi'n 'Fedlam gwyllt' yn rhywle. Mae mwy o anhrefn ynglŷn â Bedlam. Ffurf lafar ar Bethlehem ydi Bedlam. Mae'n cyfeirio'n arbennig at Briordy Mair o Fethlehem yn Llundain lle sefydlwyd ysbyty ar gyfer pobol wedi drysu. Ar un adeg roedd mynd i Fedlam i wylio'r trueiniaid oedd yno, am dâl o ddwy geiniog, yn un o atyniadau Llundain.

gwynt o'r hen Bengwern

Gwynt traed y meirw meddem ni'n gyffredin am wynt y dwyrain. Mae'r rheswm am ei alw'n 'wynt traed y meirw' yn ddigon amlwg. Mae hi'n arfer gan Gristnogion gladdu'r marw a'i draed tua'r dwyrain. Ac mae sôn am 'wynt traed y meirw' yn cyfleu oerni'r dwyreinwynt i'r dim.

Ymadrodd arall a glywais i amdano ydi *gwynt coch Amwythig* — am ei fod yn deifio a chochi tyfiant, wrth gwrs, ac am ei fod — i bobl sir Drefaldwyn — yn dod o sir Amwythig.

Ond gan ŵr o ardal Mynydd y Briw, rhwng Llansilin a Llanrhaeadr-ym-Mochnant, y clywais i'r ymadrodd gorau am wynt y dwyrain. Iddo ef *gwynt o'r hen Bengwern* ydoedd.

Pengwern oedd enw'r fan yn ardal Amwythig — rywle tua Din Gwrygon (neu'r Wrekin) o bosib — lle'r oedd un o brif lysoedd brenin Cymraeg y rhan honno cyn i'r Saeson ei meddiannu. Yno yn nechrau'r seithfed ganrif yr oedd un o lysoedd y Brenin Cynddylan. Rhyw gof am ddinistrio Llys Cynddylan ym Mhengwern gan y Saeson sydd tu ôl i'r englynion cynnar ingol rheini am Stafell Cynddylan:

> Stafell Cynddylan, ys tywyll heno,
>   Heb dân, heb wely.
> Wylaf wers, tawaf wedy(n).

Cwta chwe milltir sydd o Fynydd y Briw at Glawdd Offa. Mae gwynt y dwyrain yn chwipio'i ffordd yno o hyd, yn oer a milain, o gyfeiriad yr hen Bengwern.

Ie, 'gwynt o'r hen Bengwern'. Tu ôl i'r dywediad, a gofnodwyd gan Mrs Brenda Williams o Langedwyn, mae iasau o'n hanes — hen gof, hen hanes sy'n ymestyn yn ôl bron i fil a phedwar cant o flynyddoedd.

Ha Bach Mihangel

Ha Bach Mihangel meddem ni am gyfnod o dywydd braf at ddiwedd mis Medi. Mihangel ydi'r Archangel Mihangel y mae sôn amdano yn Llyfr Daniel ac yn Llyfr y Datguddiad. Ar 29 Medi y mae'r Eglwys yn dathlu ei ŵyl ef. Gwyliau'r Eglwys oedd yn nodi dyddiau pwysig y calendr i bobol erstalwm — Gŵyl Fair y Canhwyllau ar 2 Chwefror, Gŵyl Ifan ar 24 Mehefin, etc.

Roedd hi'n naturiol galw cyfnod o dywydd hafaidd tuag adeg Gŵyl Fihangel ar 29 Medi yn Ha Bach Mihangel — yn union fel y daeth hi'n arfer ym mhrifysgolion Caergrawnt a Rhydychen galw tymor oedd yn dechrau tua diwedd Medi yn *Michaelmas* (o *Michael* a'r gair *mas* yn golygu gŵyl sydd ar ddiwedd Christmas).

Roedd Mihangel yn sant poblogaidd iawn yn yr Oesoedd Canol. Cysegrwyd ac ailgysegrwyd nifer fawr o eglwysi iddo yng Nghymru. Mae yna gryn ddeugain o eglwysi yn dwyn yr enw Llanfihangel — o Lanfihangel-yn-Nhywyn ym Môn i Lanfihangel Ystum Llywern yn ymyl Trefynwy.

Roedd gan drigolion ardal Bethel yn Arfon enw arall ar Ha Bach Mihangel. Iddyn nhw *Ha Bach yr Wyddfa* ydoedd — am ei bod hi'n dywydd da i fynd i ben yr Wyddfa yr adeg honno.

Ha Bach Isaac y Banc oedd yr enw mewn rhannau o Geredigion — ar ôl hen gymeriad lleol o'r enw Isaac y Banc. Rhan o gynhaliaeth Isaac oedd cario gyda throl a cheffyl o'r gweithfeydd mwyn plwm. Gwnâi hynny ar draul cael ei gynhaea ei hun i ddiddosrwydd. Câi cynhaea Isaac aros tan Ha Bach Mihangel — tan *Ha Bach Isaac y Banc*.

Yn ardal Niwbwrch ym Môn am *Ha Bach Mari Pant* y sonnir. Yno erstalwm roedd hi'n arfer gan y merched hel moresg yn y twyni tywod — torri'r moresg â chryman o dan wyneb y tywod a'i hel yn ysgubau ar gyfer ei blethu i wneud matiau i ddoi teisi. Byddai pawb wrthi eu gorau fel y caniatâi'r tywydd, pawb ond gwraig o'r enw Mari oedd yn byw mewn tŷ o'r enw Pant. Doedd dim cyffroi na phrysuro arni hi. Arhosai'n hamddenol am y tywydd braf ddiwedd Medi, aros am *Ha Bach Mari Pant*.

Indian Summer ydi'r enw ar *Ha Bach Mihangel* yn Saesneg — ymadrodd o Ogledd America, mae'n debyg.

Hen Siwan o hen beth

"Wyddoch chi be fyddai nain yn galw dynes fradwrus?" meddai cyfaill hŷn na mi wrtha i un diwrnod.

"Galw dynes felly, dynes wnâi dro gwael â chi yn eich cefn, yn hen Siwan o hen beth fyddai nain," ychwanegodd.

"Un o ble oedd eich nain?" gofynnais. "Un o Ddolwyddelan," meddai.

Siwan, wrth gwrs, ydi'r ffurf Gymraeg ar yr enw Joan. A Joan neu Siwan oedd enw merch John, Brenin Lloegr, a ddaeth yn wraig i Lywelyn Fawr yng ngwanwyn 1205.

Bedair blynedd ar hugain yn ddiweddarach, adeg y Pasg 1229, daliwyd Siwan yn godinebu gyda Wiliam de Breos, un o farwniaid Normanaidd mawr y Mers a oedd wedi bod yn garcharor i Lywelyn.

Carcharwyd Siwan. Parodd Llywelyn fod de Breos yn cael ei ddedfrydu i farwolaeth, ac yn ôl y sôn daeth tyrfa o wyth gant i'w wylio'n cael ei grogi.

Ystyriwch eto mai yn Nolwyddelan, yn ôl traddodiad, y ganwyd Llywelyn Fawr ac mai yno roedd un o'i gestyll pwysica.

Mae'n hawdd dychmygu Siwan yn ymweld â chastell Dolwyddelan — yn estrones, yn Ffrangeg ei hiaith. Go brin bod Cymry'r llys wedi closio rhyw lawer ati.

Pan dorrodd y newydd yn ddiweddarach am ei hanffyddlondeb i'w gŵr, trodd yr amheuaeth o'r estrones yn gasineb. Daeth *Siwan* yn air hyll, yn gyfystyr â bradwres.

Cof gwlad hir a gwydn yn ardal Dolwyddelan a gadwodd "hen Siwan o hen beth" yn ymadrodd byw ar lafar am ddynes a wnâi dro gwael â rhywun yn ei gefn.

Iaith y Rhos

Rhosllannerchrugog ydi pentref mwyaf Cymru. Hwnnw, o blith holl Rosydd y wlad, ydi *Y* Rhos. Ac i bwysleisio ei arbenigrwydd, mae gan y pentref ei iaith unigryw ei hun.

Fe glywch chi *ene* a *dene* am 'yna' a 'dyna' gan frodorion go iawn gogledd-ddwyrain Clwyd i gyd. Dim ond gan bobol y Rhos y clywais i *nene* am 'yr un yna'. Yno'n unig y clywais i'r ffurf hynod honno *nene ene* am 'yr un yna yn y fan yna' — hynny ydi, 'that one over there'.

Pobol y Rhos, eto, sy'n dweud *Ma gin i âm* gan olygu 'Mae gen i syniad/Rydw i'n meddwl'. Neu efallai mai'r hyn glywch chi yw rhywun yn dweud nad oes ganddo *ddim llawer o âm* o berson arbennig — hynny ydi, nad oes ganddo ryw lawer o feddwl ohono. Y gair Saesneg *aim* sydd yma wedi ei fenthyg i'r Gymraeg ac wedi magu ystyr arbennig o 'amcan, syniad, meddwl'. Ac nid *âm* yn unig a glywch chi, ond *di-âm* hefyd. Bachgen *di-âm* ydi un anfedrus. Yn y Rhos pan mae'n dywydd gwael, dweud bod *yr hin yn ddi-âm* wnan nhw. *Hin* ydi'r gair yno am dywydd.

Mae yna eiriau yn nhafodiaith y Rhos sy'n bur ddieithr i'r gweddill ohonom. *Bradgyfarfod* ydi un ohonyn, gair welwch chi gan Theophilus Evans yn 1740 am bla o salwch a laddodd filoedd. Yn y Rhos mae'n air byw am annwyd neu dwymyn.

Uswydd wedyn. Mae'r gair yn digwydd, mewn pennill a luniodd Aneirin fil a phedwar cant o flynyddoedd yn ôl yn ardal Caeredin, i ddisgrifio gwaywffyn wedi eu malu'n ddarnau. I bobol y Rhos dyna'r gair heddiw am 'splinters'.

Un o'r Rhos hefyd a soniodd am roi *dramied o waelod* i'r bel wen ar fwrdd snwcer. Ie, *dramied o waelod*. Term o fyd y glôwr sydd yma. *Dram* ydi tryc mewn pwll glo. Llond dram ydi *dramied*.

Iantarliwt

'Be haru ti, y Iantarliwt gwirion?' meddai un o Lŷn yn fy nghlyw yn ddiweddar. Siarad wrth blentyn roedd o a dwrdio'r creadur am glownio'n ddireidus yn lle ymddwyn yn barchus a sobor.

Iantarliwt ddywedodd y dyn. Dydi hynny'n ddim ond ffurf lafar ar y gair *anterliwt*. Math o ddrama gymharol syml a chwaraeid mewn ffair ac mewn tafarn i ddifyrru pobol oedd anterliwt. Roedd yn boblogaidd yng Nghymru yn y ddeunawfed ganrif yn arbennig. Ac un o'r cymeriadau stoc mewn anterliwt oedd y Ffŵl: roedd ei glownio a'i ddychan yn rhan bwysig o apêl y perfformiad.

Mae 'Be haru ti, y Iantarliwt gwirion?' mwy neu lai yr un peth â dweud 'Be haru ti, y ffŵl gwirion?' Mwy neu lai, ond nid yn hollol. Mae elfen o glownio chwareus yn y gair *Iantarliwt* ar lafar.

Daeth chwarae anterliwt i ben yng Nghymru fel difyrrwch poblogaidd tua dau gan mlynedd yn ôl. Rhoed pen ar ei hwyl a'i chyffyrddiadau masweddus yn y difrifoli a ddilynodd y Diwygiad Methodistaidd. Ac eto mae rhyw atgof am beth oedd anterliwt wedi para yn y defnydd o *Iantarliwt* ar lafar.

'Be *haru* ti?' meddai'r gŵr. Mae llawer iawn ohonom ninnau'n dweud 'Be haru ti?' neu 'Be haru chi?' bob dydd wrth sgwrsio. Trowch i eiriadur cyffredin: rwy'n amau a welwch chi *haru* ynddo. Ac eto mae *haru* yn Gymraeg ardderchog. Ffurf lafar ydi 'Be haru ti?' ar 'Beth ddarfu iti?' — cystrawen sy'n digwydd mewn Cymraeg Canol ac sy'n cyfateb o ran ystyr i 'Beth ddigwyddodd iti?', 'Beth sy'n bod arnat ti?' Fyddai neb heddiw yn sgrifennu 'Beth ddarfu iti?' ond mae'r hen gystrawen hon wedi para'n fyw yn y ffurf lafar 'Be haru ti?' — enghraifft fach arall, fel y gair *Iantarliwt*, o gyfoeth rhyfeddol yr iaith lafar. Mae'r cyfoeth hwnnw'n dal o fewn ein cyrraedd, dim ond i ni wrando'n glustfain.

loshin

Feddylioch chi faint o eiriau gwahanol sydd ar arfer yn Gymraeg am felysion? Mae yna, o leia, ddwsin. Dyma nhw, yn nhrefn yr wyddor: *botwm gwyn, candis, cisys, da da, fferis, losin, melysion, minciag, neisis, petha da, taffis, trops.*

Gair y De ydi *losin* neu *loshin*, a benthyg yn y pen-draw o 'lozenge' yn Saesneg. Ond gair am shiâp arbennig — shiâp diamwnt — ydi 'lozenge', meddech chi. Ie siŵr, yn ei gychwyn. Ar lafar daeth yn air am felysion ar shiâp losinj.

Yn y Gogledd y clywch chi *fferis* neu *fferins*. O'r Saesneg y daeth hwn eto, o 'fairings' sef y gair am bethau a brynid mewn ffair. Melysion oedd yn cael eu gwerthu mewn ffeiriau oedd *fferis* ar y dechrau.

Petha da ydi'r gair sy'n naturiol i mi — yn iaith sir Fôn. Gweddill Gwynedd sy'n dweud *da da*. Ond yn Nefyn yn Llŷn fe glywch chi *minciag*. 'Mintcake drops' oedd y rheini. Ffurf lafar ar 'mintcake' ydi *minciag*.

Yn ardal Llandudoch y clywais i *cisys* ond mae'r gair i'w gael mewn rhannau o Geredigion hefyd. Benthyg o'r Saesneg 'kiss' ydi o — o 'kiss' yn golygu melysion, a gair a ddaeth i Gymru o Wlad yr Haf o bosib.

Gorllewin sir Benfro piau *neisis* — gair benthyg arall, y tro hwn o 'nicey' yn siarad pobol Cernyw. Sir Gaerfyrddin a rhannau o Geredigion piau *trops* — o 'drops', wrth gwrs. Mae *tropsen wen* ar arfer am dda-da mint — yr un peth â'r *botwm gwyn* a gai plant yn y Gogledd i gadw'n dawel yn y capel erstalwm.

mwrw

Sgwrsiwch â chyn-chwarelwyr yn ardal Bethesda yn Arfon ac fe gewch fod *mwrw* yn air byw iddyn nhw. Dyna eu gair wrth gyfri llechi yn y chwarel gynt. Yr arfer oedd cyfri'r llechi fesul tair, a *mwrw* oedd y gair am y teiriau hyn. Roedden nhw'n arfer cyfri deg *mwrw*, yna rhoi dwy lechen dros ben. Dyna ichi 10 x 3 + 2, sef 32. Roedd pedwar o'r lotiau hyn yn gwneud yr hyn oedd yn cael ei ystyried yn *gant*, sef 128 llechen.

Roedd y gair *mwrw* yn air byw hefyd gan bysgotwyr ym Moelfre ac yn Nefyn erstalwm wrth iddyn nhw gyfri penwaig ar y traeth. Tri pennog oedd mewn *mwrw*. Clywais ddweud yr arferid *mwrw* wrth gyfri afalau yng Nghaernarfon ar un adeg 'Mwrw o fala' oedd tri afal ar law.

Beth am y gair? Ffurf ydi o ar y gair *bwrw* — fel yn bwrw glaw. Fel enw gall olygu 'tafliad' yn Saesneg 'a throw, a cast'. Dyna oedd *bwrw* o lechi neu benwaig, sef y nifer oedd yn cael eu taflu neu eu hestyn ar un tro.

Mae perthynas rhwng seiniau *b* ac *m*. Cytseiniaid dwywefusol ydyn nhw; y gwefusau sy'n rhwystro llif yr anadl i gynhyrchu'r ddwy sain. Mae enghreifftiau o ffeirio un am y llall — yn enw *Bathafarn*, er enghraifft, sy'n amrywiad ar *Mathafarn*. Amrywiad ar *bwrw* ydi'r *mwrw*, yn golygu 'uned o dri', a gair oedd yn rhan o iaith chwarelwyr a physgotwyr yn Arfon ac ym Môn.

sbens

Mae mwy nag un wedi holi am y gair *sbens*, gair glywch chi yn y Gogledd am gwtsh dan stâr neu dwll dan grisiau.

Gair o'r Saesneg ydi o. Mae Chaucer yn un o'i gerddi yn sôn am botel yn y 'spence'. I Chaucer stafell i gadw diod oedd 'spence'. Parhaodd y gair ar lafar mewn rhannau o Loegr yn air am bantri neu gwpwrdd cadw bwyd.

O lafar Gogledd Lloegr fe ddaeth i Gymru yn air Cymraeg am gwpwrdd, ac yn arbennig am gwpwrdd o dan y grisiau. Daeth wedyn yn air am dwll dan grisiau.

Ond rhan o'r stori ydi olrhain *sbens* i hen air Saesneg 'spence' neu 'spense', oherwydd yn ei dro daeth hwnnw i'r Saesneg o'r Ffrangeg. A chafodd y Ffrangeg hithau y gair o'r Lladin *dispensare* neu *dispendere*. Ystyr *pensare* yn Lladin oedd pwyso. Rhannu rhywbeth yn ôl ei bwysau oedd *dispendere*. Rhannu, dosbarthu oedd ystyr *dispensare*. Dyna, wrth gwrs, ydi 'dispensary' — stafell lle mae moddion yn cael ei fesur a'i rannu.

Tybed ai'r un gair *sbens* sy'n enw *Rhyd-sbens*, i'r gogledd o'r Gelligandryll ar y ffin rhwng Cymru a Lloegr? Roedd Rhyd-sbens yn un o dafarnau enwog y porthmyn ar eu ffordd am farchnadoedd Lloegr. Mae'n bosib mai *sbens* am stafell i gadw diod — fel i Chaucer — ydi'r *sbens* yn yr enw.

trugaredd Job

'Ma'r lle 'ma'n drugaredda i gyd' meddai pobol Gwynedd wrth sôn am bentwr o bethau neu geriach hyd y lle yn ddigon di-drefn mewn stafell.

Mae *trugaredda* yn air byw ar lafar am bethau hyd y lle ymhobman. Ym Môn clywais fanylu ar y dweud a sôn am *drugaredda Moses*; am *drugaredda Rhys Dafydd* yn ardal Llanddona; ac yn Nhal-y-bont, Ceredigion am *drugaredda Job*.

Trugaredd ydi'r gair am dosturi Duw tuag at ei bobol. Mae'n air sy'n digwydd yn aml, aml yn y Beibl. Dyna adnod olaf y drydedd salm ar hugain: 'Daioni a thrugaredd yn ddiau a'm canlynant holl ddyddiau fy mywyd', neu'r pumed o'r gwynfydau, 'Gwyn eu byd y rhai trugarogion, canys hwy a gânt drugaredd'.

Sut, meddech chi, y daeth ffurf luosog *trugarêdd* i fod yn air ar lafar am daclau, am geriach, am bethau digon diwerth a blêr?

Ganrifoedd yn ôl, pan oedd Cymru, fel y gweddill o Ewrob, yn wlad Babyddol roedd hi'n arfer gyffredin mynd ar bererindod i ryw fan cysegredig er mwyn cael bendith y sant a gysylltid â'r lle hwnnw. Âi rhai i Dyddewi; âi eraill i Enlli; âi rhai mwy cyfoethog eu byd cyn belled â Santiago de Compostella yn Sbaen a rhai i Rufain.

Ar y pererindodau hyn roedd hi'n arfer casglu creiriau — petheuach oedd yn gof am y daith ac yn arwydd fod y pererin wedi ennill neu brynu 'trugaredd'. Dychmygwch y pererinion yn dychwelyd adre. Byddai ganddyn nhw god neu gwdyn yn llawn o'r creiriau hyn — yn llawn *trugareddau*. Yn sgil yr hen arfer yma daeth *trugaredda* ar lafar yn air am betheuach — am 'nick-nacks'. Yn y Gogledd, ac yng Ngheredigion, y clywais-i'r gair *trugaredda*. Yn y De clywais *cwdyn y saint* am gasgliad cymysg o bethau — am 'mixed bag'.

Mae *trugaredda* a *cwdyn y saint* yn bwrw'n ôl ganrifoedd i adeg pan oedd mynd ar bererindod yn rhan bwysig o fywyd llawer iawn o bobol. Mae'r geiriau hefyd yn enghraifft ardderchog o gyfoeth rhyfeddol yr iaith lafar.

Mynegai